W0055749

DER WIENER TAKES IT ALL

Clemens Haipl

DER WIENER TAKES IT ALL

DER UNVERZICHTBARE WIEN-FÜHRER

METROVERLAG

INHALT

VORWORT

Ich gebe es zu: Lieber noch als einen Wien-Führer hätte ich eine App für Smartphones gemacht. Ist zeitgemäßer, lässt sich leichter vertreiben und ist umweltverträglicher. Wenn Sie dieses Buch aber auf der Straße lesen und dabei nervös mit dem Daumen drauf herumtippen, könnten Passanten glauben, Sie nützen die neue App vom Haipl. Da wäre Ihnen geholfen, weil Sie damit angeben können, und ich fände es auch sehr schick. Bitte? Danke!

Ansonsten: Ich hätte das Buch gerne „der 2057te Wien-Führer" genannt (dass ausgerechnet ich von Wien berichte, bloß weil ich hier geboren wurde und es noch immer nicht weggeschafft habe, kommt sogar mir seltsam vor). Der Verlag war dagegen.

Dieses – nennen wir es einfach – „Meisterwerk" ist sehr schnell entstanden: Kennenlernen vom Verlag, gegenseitige Sympathiebekundung, Textabgabe, basta. Wenn ich dafür auch nicht mit dem deutschen oder sonstigen Buchpreis rechne, grinsen habe ich schon ein paar Mal müssen beim Überfliegen des Textes – und ich habe ihn schon gekannt! Ist halt sehr persönlich und eine Momentaufnahme. Wenn Sie sich beim Lesen dieses Buches auch ein wenig oder mehr unterhalten, würde ich mich aufrichtig freuen. Wenn nicht, kaufen Sie als Revanche einfach noch zehn Exemplare, dann muss ich bald ein neues Buch für den Metroverlag schreiben.

Clemens Haipl

HEIMAT BIST DU GROSSER SÖHNE

V., Schlossgasse 1

Wenn Sie wissen wollen, wo ich aufgewachsen bin, gerne: Schlossgasse 1, 1050 Wien. Türnummer 14, genau genommen. Mein Kinderzimmer war im ersten Stock – wenn man ums Eck in der verlängerten Viktor-Christ-Gasse steht, muss es zirka das vierte Fenster von links sein. Ich habe von meinem Kinderzimmer aus – als eines der sehr wenigen Kinder weltweit überhaupt – einen leibhaftigen Gefängnisausbruch erlebt. Schräg gegenüber ist nämlich die Justizanstalt Mittersteig. Es lässt sich nicht mehr genau recherchieren, aber ich schätze, dass es Ende der 70er, Anfang der 80er gewesen sein muss, da blickte ich aus dem Fenster und sah einen Mann an der Fassade herumklettern. Da habe ich mir nicht viel dabei gedacht, weil es hätte ja sein können, dass das bei anderen Leuten normal ist. Solange mir niemand explizit erklärt, dass etwas verboten oder ungewöhnlich ist, halte ich es für erlaubt und legal. Als sich dann wenig später Polizeiautos mit heulenden Sirenen vor dem Gebäude versammelten, begann sich mein Verdacht zu verdichten, dass irgendetwas nicht dem Tagesprogramm entsprach. Die Erwachsenen haben dann kurz darauf Bassenatratsch de luxe betrieben, und mir war klar: Da ist einer ausgebrochen. Ich war zwar enttäuscht, dass der Fassadenkletterer keine gestreifte Kleidung getragen hatte – wie ich es aus Lucky-Luke-Heften kannte, aber immerhin: Live dabei gewesen zu sein bei einem Gefängnisausbruch, das können nicht viele von sich behaupten.

Mein Schulweg ins Gymnasium Rainergasse führte am Gefängnis vorbei, die Nikolsdorfer Gasse hinauf. Da habe ich eine Zeitlang gesehen, wie vor einem Kostümverleih Scheinwerfer aufgebaut wurden, Menschen sich wichtig machten – also augenscheinlich ein Film gedreht wurde. Der Film sollte „Müllers Büro" heißen und kann mit Fug und Recht als Kultfilm der 80er bezeichnet werden. Wenn man rauf Richtung Wiedner Hauptstraße geht, muss es ziemlich am Anfang rechts sein. Genau weiß ich es nicht, schauen Sie sich halt den Film an, dann erkennen Sie die Fassade eh wieder (aja: im Film fungierte der spätere Kostümverleih als das Detektivbüro von … eben Müller).

Weiter oben links ist der Hartmannpark, wo ich mit dem späteren Chef vom Sportclub Hakoah Wien Fußball gespielt habe. An der Ecke habe ich mal Niki Lauda in einem geparkten roten Mercedes telefonieren gesehen. Aus einem Auto zu telefonieren, war Anfang der 80er so realistisch wie per Beamen auf Urlaub zu fahren. Also schon eher ein Wahnsinn. Natürlich haben mein Bruder und ich Autogramme geholt.

Noch weiter oben ist die Wiedner Hauptstraße, links gegenüber die Rainergasse … da war ich in der Schule. Eine traurige Zeit – was soll's.

Wenn man von der Schlossgasse 1 aber nicht nach oben, sondern links den Mittersteig runtergeht und bei der ersten Querstraße (Ziegelofengasse) links abbiegt, kommt man linkerhand zum Haus, wo Falco aufgewachsen ist. Da war auch früher ein kleiner Greißler, wo ich als Kind Milch eingekauft habe. Die Verkäuferin wurde von Falco „Mama" gerufen. Das machen Söhne oft so.

Auf Schlossgasse Nummer 1, allerdings in einem anderen Haus, das es nicht mehr gibt, hat auch Margarete Schütte-Lihotzky gewohnt. Das weiß ich von meinem Vater, der sie dort besucht hat. Wen? Margarete Schütte-Lihotzky, Widerstandskämpfern, Freundin von Gustav Klimt, protegiert von Adolf Loos, erste Frau, die in Österreich ein Architekturstudium abgeschlossen hat, und Erfinderin der Frankfurter Küche – also des Prototyps der modernen Einbauküche.

Es ist also gut möglich, dass der erste Gedanke zu Ihrer Einbauküche just an der Stelle entstand, wo ich als Kind in den Topf gemacht habe. Denken Sie darüber nach.

DER SCHRECKEN KEHRT WIEDER!

Christmas in Vienna

Wer auch immer den Werbeslogan „Christmas in Vienna" erfunden haben mag: Mögest du ob deiner perfiden Unanständigkeit und Verlogenheit Durchfall in einer im Tunnel stecken gebliebenen U-Bahn bekommen! Und dabei eine weiße Hose tragen.

So ein Schmarren! Es gibt nichts Schlimmeres als Weihnachten in Wien! Die ganze Stadt zugebaut mit „Punschständen". (Was ist das überhaupt? Auf jedem Tetrapack steht drauf, was drinnen ist, nur bei „Punsch" kann man reinleeren, was man will – keine Deklarationspflicht.) Davor gehetzte Menschen mit mehr oder weniger kreativen Hauben- und Schalkreationen, in beiden Händen Einkaufstaschen – irgendwie schaffen sie es trotzdem, Punsch zu trinken oder Glühwein (was nichts anderes ist als unverkäuflicher Wein, der mit Zucker und Gewürzen versetzt so lange erhitzt wird, dass es auch schon egal ist). Die stehen da an allen angeblich relevanten Stellen Wiens (Schönbrunn, Stephansplatz, Graben, Karlsplatz, einfach überall), finden sich selber recht up to date, versperren den Weg für andere, die einfach von A nach B wollen und lassen sich mit billigstem Alkohol abfüllen. Ein Marketing-Geniestreich: Man verkauft minderwertige Produkte, ventiliert einerseits, dass das eine schöne Tradition sei und andererseits einem guten Zweck diene. (Genau! Die armen Kinder in Afrika jubilieren bei jedem gepanschten Punsch, den Sie saufen.) Warum macht man nicht im Hochsommer Cocktailstände in der City auf? Mit haargenau der gleichen Berechtigung könnte man im Juli Mojitos aus Holzverschlägen reichen und behaupten, das sei eine Tradition für den guten Zweck. Wenigstens wäre es dann nicht bitterkalt, und man könnte zu Recht behaupten, dass es Sinn macht, sich im Freien anzusaufen. Was bei Punsch im Winter nicht gegeben ist.

Und dann: Nicht enden wollende Kolonnen von Touristenbussen aus – ich weiß nicht, woher sie kommen. Wahrscheinlich Ungarn, Slowakei & Co. Aserbaidschan ist zu weit für eine Busfahrt – Italiener und Deutsche erkenne ich an der Sprache. Diese Busse verstellen ganze Straßenzüge, und die Gäste wollen natürlich zu Recht etwas für ihr Geld haben. Also stellen sie sich vor die unsäglichen Punschstände und trinken so lange, bis sie das Gefühl haben, dass „Christmas in Vienna" eine Reise wert gewesen wäre (man kommt da als Einheimischer nicht durch die Menschenmassen, und selbst „Verzeihung" nutzt nichts – sie verstehen ja nicht Deutsch).

Von Weihnachtsdekorationen, die in erster Linie dem Ästhetikempfinden des Betrachters und aufgrund ihres Stromverbrauches der Umwelt schaden, rede ich gar nicht. Das gibt es anderswo auch.

Aber: Dieses elende Kokettieren mit „City of Music", das ewige Süßholzraspeln mit der ach so romantischen Vergangenheit (hallo? zu Kaisers Zeiten gab es keine elektrisch beleuchteten Christbäume, eigentlich generell keine Christbäume beim gemeinen Volk!), das Gute-Miene-zum-bösen-Spiel-Machen. (Niemand mag Weihnachten für sich selbst. Alle wollen es für „die Kinder", für „die Tradition" … Ich kenne keinen Erwachsenen, der sich seiner selbst willen auf Weihnachten freut. Einkaufen unter Hochdruck? Das kann man das ganze Jahr unter der Woche oder sonntags beim Billa am Praterstern.)

Und … ich erschöpfe langsam … Moment …: Die sagenhaft geschmacklosen Accessoires, die zu Weihnachten in Wien angeboten werden! Glaskugeln, Strohsterne, Bienenwachskerzen, handgeschnitzte (ja, wahrscheinlich … und der Bauer heißt „Made in China") Krippenfiguren … man braucht einen guten Magen, um das alles zu überstehen. Darum empfehle ich, „Christmas in Vienna" großräumig zu umschiffen, zum Wirten zu gehen oder gleich eine andere Stadt zu besuchen.

HIGHWAY TO HELL

Südosttangente

Man war nicht in Wien, wenn man nicht auf der Südosttangente gestanden ist. Gestanden im Auto. Also gesessen im Auto, das steht. In einem herrlichen Stau. Vorzugsweise am Freitag, früher Nachmittag. Das goldene Wienerherz offenbart sich selten so authentisch wie auf dieser innerstädtischen Autobahn. Wäre Mord von Gesetzes wegen nicht illegal und gesellschaftlich geächtet – ich glaube, in Wien wäre er sehr verbreitet. Der Wiener ist kein freundlicher Mensch. Er tut nur gerne so, weil man das in Jahrhunderten der Monarchie und des Lehenwesens so gelernt hat. Da hat man dem Fürsten nicht einfach sagen können „gehen S' scheißen", ihn vom Pferd reißen und ihm eine Verkehrte auflegen. Da musste man sagen: „Freilich, gerne" und „G'schamster Diener". Diese Grundhaltung ist in den Menschen drinnen. In Indien zum Beispiel ist das Kastensystem offiziell abgeschafft. Trotzdem weiß jeder, zu welcher Kaste der andere gehört, und behandelt ihn dementsprechend. So ähnlich ist das in Wien, wo der Adel zwar offiziell nicht existiert, aber: Wer einen dunklen Audi fährt, muss etwas Besseres sein, benimmt sich so, und das wird von allen anderen anstandslos akzeptiert. Die dürfen schneiden, drängeln, ohne Blinker abbiegen, etc. …

Naja, nicht wirklich: Man flucht und hupt, was geht. Zirka so ähnlich, wie ein Bauer vor 200 Jahren über den Adel geschimpft hätte – aber aus sicherer Entfernung bzw. hinter sicherer Windschutzscheibe. Direkt ins Gesicht sagen, geht ja nicht. (Das funktioniert auch im Alltag: Anzugträger und Uniformierte lösen immer noch einen Respektanfall aus, der sich erst mit Respektabstand in gefälliges Geläster auflöst.)

Jedenfalls: Auf der Südosttangente treffen sich alle. Die Wiener, die von einem Bezirk in den anderen müssen, die Pendler, die eigentlich nur schnell wieder nach Hause in die Provinz wollen, Arbeiter, Chefs – sie alle sitzen in ihren Autos und müssen eine Zeitlang damit leben, dass auf der Autobahn zumindest vor dem Gesetz alle gleich sind. Das erzeugt natürlich Unmut. Darum gehe ich lieber zu Fuß oder nehme öffentliche Verkehrsmittel. Das geht aber leider nicht immer, weil man zum Beispiel mit Kindern und Gepäck in Wiener öffentlichen Verkehrsmitteln deutlich unpopulärer ist als ein süßer Hund. Das verstehen Menschen nicht, die in trauter Einsam- oder Zweisamkeit leben – aber erklären Sie das mal dem Herren/Frau VerkehrsstadträtIn …

DER GARTEN
DER LÜSTE

Botanischer Garten

III., Rennweg

Ok, ich mag Pflanzen. Das ist schon einmal ein grundsätzlicher Vorteil für den Besuch eines botanischen Gartens. Ich habe über 40 Jahre alt werden müssen, um dieses Kleinod mitten in Wien zu entdecken. Hinterm Belvedere im dritten Bezirk verstecken sich seltene Pflanzen oder solche, die es noch werden könnten. Kräuter, Palmen, Bäume, Gras, was weiß ich. Sachen halt. Die sind schön anzusehen. Gut, in anderen Parks gibt es auch Pflanzen, kann man da völlig zu Recht sagen. Auch gibt es in anderen Parks Wege, auf denen man lustwandeln kann, nebst Parkbänken, die zum Verweilen einladen. Auch richtig. Aber im Botanischen Garten gibt es keinen Spielplatz und keine alten Frauen, die Tauben füttern. Vielleicht kommen die nur, wenn ich nicht da bin, oder sie kommen arme kranke Pflanzen gießen, weil man Tauben nicht füttern darf. Keine Ahnung. Es ist hier jedenfalls deutlich idyllischer als in anderen Parks der Stadt. Vielleicht sind andere Leute auch so ahnungslos, wie ich es bis vor Kurzem war, und wissen einfach nicht, dass es diesen Botanischen Garten gibt, man trifft hier erstaunlich wenig Menschen. Das finde ich formidabel und liebe mich gerade dafür, dass ich

in einem Buch Werbung für einen bislang gehei-
men Hotspot mache. Aber so bin ich: Aus reiner
Philanthropie gebe ich meine geheimsten Geheim-
nisse preis. Macht nichts, finde ich mir halt einen
anderen Platz, sobald der Botanische Garten von
Touristen überrannt sein wird, wo ich jetzt noch
von einer der größten Straßen Wiens durch ein Tor
in eine Oase der Ruhe eintauchen kann. Ja, das ist
er nämlich, der Botanische Garten. Da möchte ich
gar nicht mit Klischees geizen. „Garten Eden,
Rückzugsgebiet, Hort der Entspannung, Natur pur,
Traum in Grün" fallen mir auch noch ein.

Vielleicht kommen hier nur Menschen her, die in
der Nähe wohnen. Ich habe den Botanischen Garten auch erst entdeckt, als ich einen Freund, der
ums Eck wohnt, besuchen wollte und er noch nicht
zu Hause war – ich also noch Zeit totschlagen
musste. Bin ich also die Straße rauf- und runterge-
gangen und habe plötzlich gleich neben dieser riesigen, stark befahrenen, eher nicht so attraktiven
Straße ein Tor entdeckt. Ich durchschritt es – und
siehe da: Es war gut! Ich mag Dinge, die ohne Stress
keinem höheren Ziel als ihrer eigenen Existenz die-
nen. Pflanzen zählen definitiv dazu. Gras wächst
nicht schneller, wenn man daran zieht. Und mit
einem botanischen Garten bedient man weder
Freunde von Extremsportarten noch die Erlebnis-
gastronomie. Der ist einfach da. Weil irgendjemand
der Meinung war, dass es gut ist, verschiedenen

Pflanzen einen Platz zu geben. Die stehen da und existieren. Es ist ihnen unendlich egal, ob Sie und ich auch vorbeischauen. Es könnte sie nicht weniger scheren, ob wir dafür Eintritt zahlen oder nicht. Sie stehen da, mehr oder weniger fest verwurzelt, und existieren. Das finde ich schön. Darum gehe ich gerne hin, setze mich auf eine Parkbank ... und checke meine Emails.

FLUG
UND TRUG
Flughafen Wien

„Welcome to Vienna", dieser Schriftzug ist noch das Gelungenste am neu gestalteten Flughafen Wien Schwechat. Hätte man ihn mit derselben Konsequenz wie den Rest des Flughafens erstellt, müssten mindestens drei Rechtschreibfehler, ein Grammatikfehler und schwere typographische Verfehlungen drinnen sein.

Nur als Beispiel: Will man mit Handgepäck (was bei Städtetrips vorkommen soll) und Kleinkindern (was wahrscheinlich ist, solange sie nicht groß sind) vom Check-In zum Gate, geht das nur über einen Aufzug (in Zahlen: 1! einen zweiten gibt es nicht). Abgesehen davon, dass der völlig unterdimensioniert ist, fällt er gerne und oft aus. Ok, kann man die Treppen nehmen. Theoretisch. Der Zweijährige kann zur Not selber laufen. Der drei Monate Alte nicht, tut zumindest so und schläft im Kinderwagen. Also tragen wir einen Kinderwagen samt Handgepäck für vier Personen die Treppen hinunter und versuchen dabei, nicht den Zweijährigen zu verlieren. Wenn das auf einem historischen Bahnhof in Indien passiert, sage ich ja nichts. Aber auf einem nagelneuen Flughafenterminal in Westeuropa??? Wer hat die Pläne für diesen Scherz in Beton gezeichnet? Stevie Wonder? Die Cliniclowns?

Und wer hatte die Segen spendende Idee, dass Trolleys, in die man Münzen werfen muss (hallo??? wo gibt es das sonst noch außer beim Billa? guter Input, das mit den Euromünzen für einen internationalen Flughafen), dass die nicht auf die Rolltreppe passen? Man muss also das gesamte Gepäck herunternehmen, den Trolley an die Sammelstelle bringen, die Koffer in der Hand die Rolltreppe raufmanövrieren (wir erinnern uns: Aufzug außer Betrieb) und sich einen neuen Trolley organisieren. Auf jeder Ebene! Hinauf und hinunter! Und retour! Hier ist nämlich nichts mit sinnergreifender Ausschilderung.

Ich fliege nicht oft, aber ich habe mich noch nie auf einem Flughafen verlaufen. Nicht in Berlin, München, Paris, nicht in New York oder Chicago und nicht einmal in L.A. Warum? Weil diese Flughäfen anscheinend von Menschen geplant wurden, die das nicht zum ersten Mal gemacht und daher gewusst haben, dass man auf ein paar Kleinigkeiten achten muss. Zum Beispiel auf eine verständliche Beschilderung (vorzugsweise mehrsprachig UND mit grafischen Symbolen). Oder die simple Tatsache, dass es von nicht zu unterschätzendem Vorteil ist, wenn man die Wege zwischen zu absolvierenden Stationen (Check-In, Shop, Gate, Boarding etc.) so kurz wie möglich und barrierefrei gestaltet.

Nichts davon in Wien. Hier wurde eine Unterstufen-Schulausschreibung für 10- bis 14-Jährige vorgenommen, und die Schüler mit den buntesten Bildern aus Wachsmalkreide durften dann auch gleich den Flughafen planen. Hier ist nichts logisch, nichts zusammenhängend, von einem einheitlichen, wiedererkennbaren Look ganz zu schweigen.

Wäre Wien-Schwechat ein Auto und man wollte vom Fahrersitz auf die Rückbank – müsste man zum Beifahrersitz klettern, dort aus der Türe, dann auf das Autodach robben, von dort den Kofferraum aufsperren, wo ein Wohnungsschlüssel liegt, mit dem man zu einer Wohnung in einem anderen Bezirk wandert, dort aufsperren, den Schlüssel finden, der die hintere linke Türe vom Auto sperrt, zurück zum Auto wandern, hinten aufsperren und sich auf die Rückbank setzen.

Anderswo macht man vorne auf und setzt sich hinten rein.

Aber Wien ist anders ...

FRAGEN SIE IHREN ARZT
ODER APOTHEKER

Vapiano
7 mal in Wien

In Wien gibt es sieben Filialen von Vapiano. Vermeiden Sie jede einzelne in Ihrem eigenen Interesse! Das Geschäftsmodell, für alle noch nicht Geschädigten kurz erklärt: Wir machen eine Pizzeria auf, aber ohne Servierpersonal. Die Gäste bestellen sich ihr Essen an der Theke, bekommen einen elektronischen Piepser in die Hand gedrückt. Sobald das Ding läutet, darf man zum Schalter schreiten, und sich die fertigen Nudeln oder Pizza abholen.

Und das funktioniert!

Ich fasse es nicht. Da gehen mündige Menschen, die teilweise auch noch sympathisch sind, in diese Stätte der gastronomischen Verrohung und haben Freude daran. Beim Eingang bekommt man eine Plastikkarte ausgehändigt, anhand derer die Verrechnung stattfindet, stellt sich an wie für Klostersuppe, stammelt etwas wie „eine Quattro Stagioni, bitte", bekommt stattdessen ein piepsendes Plastikteil, sucht einen Sitzplatz. Kaum hat man den nach zirka zehn Minuten gefunden, piepst der Scheiß, man steht auf, geht zurück zur Abfertigung, nimmt ein irgendwie wahrscheinlich eh essbares Etwas entgegen, trottet zurück zu seinem Platz (wenn da nicht schon wer anderer sitzt). Jetzt: Getränke

holen. Die bekommt man entgegenkommender-
weise gleich überreicht, muss also nicht mit elektro-
nischem Alarm darauf warten. Dann: zurück zum
Platz (der ist eventuell noch immer frei). Jetzt essen
und trinken. Damit es nicht so auffällt, in was für
einem Katastrophenfilm sich der Betroffene gerade
befindet, sind auf den Tischen Öl, Essig und ein
paar wirklich sehr herzige Kräutertöpfchen platziert. Wenn man frisches Basilikum selbst pflückt
und auf einen Haufen Sondermüll streut, dann wird
aus Sondermüll anscheinend ein authentisch medi-
terranes Erlebnis. Muss so sein, sonst wäre der
Laden nicht so voll.

Und wie der voll ist! Man stolpert, rempelt,
pöbelt sich mit einem vollen Tablett in Händen
durch die Massen, rettet sich in ein Eck, stillt den
gröbsten Hunger, robbt Richtung Außen, legt am
Ausgang die eingangs erhaltene Plastikkarte vor,
zahlt seinen Obulus und will in die Freiheit flüchten. Davor werden einem aus einer Schale Gummibären angeboten. Ich gehöre zur Zielgruppe jener,
die Gummibären grundsätzlich mögen. Aber nicht,
wenn sie vorher 500 Leute in der Hand gehabt
haben und ich mich wie ein gehetztes Tier fühle.
Jetzt aber raus. Auf der Straße angekommen, ver-
harrt man, atmet schwer, blickt sich schwitzend um
und stellt sich die Frage: Warum?

5 STERNE
DE LUXE
Gasthaus Stern
I., Braunhubergasse 6

Das Gasthaus Stern … herrlich! Nicht wirklich zentral gelegen, aber seit die U3 nach Simmering fährt auch nicht unerreichbar. Das Stern – da bin ich mir ziemlich sicher – hätte fast doppelt so hohe Preise, wäre es im ersten Bezirk. An der Qualität und am Service kann es nämlich nicht liegen, dass die Preise so moderat sind. Vom Look her ganz urig Wirtshaus-holzvertäfelt, leider (!!!) vor Kurzem komplett auf Nichtraucher umgestiegen (eine EU-Unsitte, die Wirts- und Kaffeehäusern einen großen Teil ihres Reizes nimmt). Küche: klassisch wienerisch mit Betonung auf „klassisch" und „wienerisch". Also Innereien aus jedem entlegenen Winkel der Leibeshöhle. Amerikaner zucken kurz zusammen, wenn man ihnen erklärt, was ein Beuschl ist – finden es dann aber meistens überaus lecker. (Mein Schwiegervater hat gesagt, ich soll das Wort „lecker" nicht verwenden. Als Alternative hat er „guaaat" angeboten. Gut, er ist Innviertler.) Wann haben Sie das letzte Mal Hirn mit Ei gegessen (seit dem Rinderwahn endgültig out) oder Kalbsnieren („brunzeln" angeblich, völliger Schmarren, kann ich versichern)? Schmeckt alles super und ist eigentlich auch moralisch richtig. Würde man das alles nicht essen, wäre es, als ob man nur die Hendlhaxen verschlänge und den Rest zu Hundefutter verarbeitete. Wenn man schon ein Tier tötet, sollte man es gefälligst auch bis ins letzte Detail nutzen. Haben auch die Indianer gemacht: essen, anziehen, drin wohnen, Waffen draus machen ... alles im Namen des Bisons. Beim letzten Blick auf die Speisekarte habe ich keine Stierhoden gefunden. Vielleicht gelten die nicht als Innereien, weil sie ja draußen hängen und nicht innen. Schmecken aber auch tadellos. Ein bisschen wie Putenfleisch, nur weicher. Und: Wenn man sich vor Augen hält, dass Rinder gezüchtet werden, um Milch zu produzieren, dann fällt schon einmal jede zweite Geburt aus. Weil Stiere keine Milch geben. Die kann man doch nicht einfach alle umbringen, ohne sie aufzuessen (gilt übrigens auch für männliche Hühner in der Eierproduktion)! Apropos Eier: Ich weiß nicht, ob man Hoden von Kälbern essen kann. Aber wenn, dann sollte man das auch – wenn sie schon getötet werden! Was passiert eigentlich überhaupt mit all den männlichen Rindern? Die Karriere zum Zuchtbullen schafft ja nachweislich nicht jeder. Wird ja auch nicht jeder Mensch mit Pimmel Pornostar. Schon alleine aus Tierliebe und Respekt sollte man Stierhoden, Beuschl, Nieren, Hirn etc. essen. Oder meinetwegen Vegetarier werden, darf eh jeder halten, wie er will. Aber wenn schon Fleisch, dann alles. Habe ich mich klar ausgedrückt?

Zurück zum Stern: klassische Wiener Küche – von Schnitzel über Hirn bis Mohnnudeln – in klassischem Gasthausambiente. Und all das … in Simmering!!! Besser geht es nicht. Simmering ist so wienerisch! Meidling ist dank des Meidlinger „Ls" ein wandelndes Klischee, Favoriten ist rein theoretisch die zweitgrößte Stadt Österreichs (nicht mehr und nicht weniger) …, Liesing, Floridsdorf & Co. sind Niederösterreich mit Straßenbahnen …, aber Simmering: spitzenmäßig! Man wird auch von Wienern immer noch scheel angesehen, wenn man sagt, dass man freiwillig in Simmering wohnt. Das ist ein Qualitätsmerkmal, ein Gütesiegel. Wenn selbst der moderne Wiener ein bisschen Respekt, ja Angst vor Simmering hat, dann kann es nicht ganz falsch sein.

Umso mehr Respekt muss man dem Christian Werner, dem Chef de Cuisine, zollen: Als etablierter Koch, der sich in jedem x-beliebigen Innenstadtschnöselladen wichtig machen hätte können …, da ein Lokal in Simmering aufzumachen, das obendrein auch noch funktioniert – I like! „Klassische Wiener Küche aus wertigen Zutaten zu günstigen Preisen", habe ich irgendwo gelesen, sei seine Mission gewesen. Mission accomplished, weitermachen!

MARIA, HILF!

Mariahilfer Straße

Eigentlich reichen in Wien zwei Straßen: Kärntner Straße und Mariahilfer Straße.

Erstere für alle, die glauben, völlig überteuerter Wahnsinn von internationalen Konzernen in lauschigem Monarchie-Ambiente gehört zu jedem gutem Städteurlaub dazu.

Zweitere für alle, die glauben, dass Wahnsinn zu normalen Preisen von internationalen Konzernen in lauschigem So-lala-Monarchie-Ambiente zu jedem guten Städteurlaub gehört.

Sind wir ehrlich: H&M und die ganzen Ketten sind überall die gleichen, und sie haben überall das Gleiche (zumindest in Europa). Ich weiß nicht, warum ich trotzdem in Berlin als Erstes auf den Ku'damm zum H&M gehe. Ist halt ein Reflex. Genau diesem Reflex folgen viele Wien-Besucher und gehen auf die Kärnterstraße zum ... H&M. Ich will niemanden missionieren oder belehren − vor allem, weil ich weiß, dass ich keinen Deut besser bin: Aber kann man das nicht auf der Mariahilfer Straße auch erledigen? Natürlich kann man. Wer gerne ins Ausland reist, um dann die Produkte zu kaufen, die er von daheim kennt, ist hier richtig. Obwohl ... es gibt das Café Ritter − das ist echt leiwand. Sollte man reingehen, sehr gemütlich! Aber sonst? Die Mariahilfer Straße hat alle Fetzengeschäfte dieser Welt, ein sagenhaft grausliches Einkaufszentrum names Generali-Center mit einem an Peinlichkeit nicht enden wollenden „Walk of Fame" (verdammt, jetzt schaffe ich es garantiert nie, dort verewigt zu werden), die üblichen McDonalds und Burger Kings, könnte also mit jeder x-beliebigen Straße in Rom, Berlin, Paris & Co. verwechselt werden – wären da nicht die vielen Menschen, die einen mehr rempeln als anderswo, und: die geniale Wiener Stadtpolitik. Die kann sich seit geraumer Zeit nicht entscheiden, ob die Mariahilfer Straße eine Fußgängerzone oder eine Straße ist. Das klingt lustig und ist es eigentlich auch. Auf der Mariahü (so sagen die lässigen Insider, vor allem ist es aber kürzer für mich zu tippen) haben sich Passanten nie viel geschissen, wo eine Ampel, ein Zebrastreifen ist, sondern sind einfach dann über die Straße gegangen, wenn es ohne Gefährdung von Leib und Leben opportun erschien. Das hat niemanden ernsthaft gestört, damit konnten alle leben. Die Autofahrer wussten: Wenn ich zum Westbahnhof will, muss ich mit ein paar Radfahrern, die in der Mitte vor mir telefonierend fahren, rechnen, dann und wann wird ein Fußgänger vorbeilaufen und mich beschimpfen. Die Fußgänger wussten: Die Autos fahren hier langsam, ab und zu spinnt einer, gibt Gas, dann zeige ich ihm den Mittelfinger und schimpfe lauthals. Und die Radfahrer dachten sich genauso wenig wie anderswo.

So. Jetzt hat aber ein geniales Hirn beschlossen, dieses funktionierende und harmonische Chaos kaputtzuverbessern. Teile der Mariahü sind Fußgängerzone, andere nicht. An manchen Teilen fahren Busse vorbei, an anderen nicht. Man darf Rad fahren, aber nicht überall – und wenn, dann in Schrittgeschwindigkeit (sic!). Dafür ist öffentliches WLAN in Planung, und das Ganze kostet Millionen im zweistelligen Bereich. Ein Traum!

Also: Fahren Sie mit der U-Bahn zur Mariahü, kaufen Sie beim H&M Ihre Socken oder was auch immer Sie zu Hause vergessen haben und bedenken Sie: Die Welt ist gut, alles geht vorbei, das Leben ist ein langer, ruhiger Fluss … Ohmmmmm.

JÄGER DES VERLORENEN SCHUTZES

Schutzhaus Wasserwiese

II., Wasserwiesenweg

Prater Hauptallee, vorbei an Joggern und anderen fanatischen Sportlern, Menschen mit Hunden und Gruppen, die grundsätzlich auf der falschen Straßenseite gehen (ich halte mich an Rechtsverkehr, sollen die anderen gefälligst auch), dann irgendwo rechts ins Gebüsch abbiegen – am besten mit dem Fahrrad (empfehle ich aus Gründen der Bequemlichkeit) – und nach ein paar hundert Metern durch den Wald wieder in der Zivilisation auftauchen. Zumindest so was Ähnlichem: eine Schrebergartensiedlung. Dort ist das besagte Schutzhaus nicht zu übersehen. Und es ist gut. Mit Kindern geradezu perfekt, weil hier fast keine Autos vorbeifahren, im Gastgarten ein Spielplatz ist und weil rundherum Bäume stehen. Die mag ich grundsätzlich. Man ist plötzlich im Wald! Das ist großartig und dauert von der U-Bahnstation Praterstern mit dem Fahrrad zirka zehn Minuten. Ein Wald inmitten einer Großstadt, how good can it get? Also … Wald … schon irgendwie, die Schrebergärten sind auch noch da, aber die merkt man kaum. Es riecht zumindest nach Wald, und Autos hört man nur sehr entfernt, außerdem kann man so tun, als ob das ein fließender Strom sei. Ich nehme an, das Schutzhaus Wasserwiese ist auch mit dem Auto zu erreichen (es gibt eine Straße davor), aber ich habe dort noch nie nennenswerte Ansammlungen von geparkten PKWs – aber jede Menge Fahrräder – gesichtet. Ich bin beileibe kein Fahrräder-rein,-Autos-raus-aus-der-Stadt-Fanatiker religiöser Ausprägung. Ganz im Gegenteil, aber da macht es Sinn. Wer in die Natur will, soll das natürlich tun. Wer in der Stadt leben will, soll das so tun, wie man eben in einer Stadt lebt. Sonst wäre es keine Stadt, sondern ein Bauernhof. Das erkennt man schnell daran, dass es wenige Misthaufen, dafür aber viele asphaltierte Straßen und U-Bahnen gibt. Ich schweife aus ...

Im Schutzhaus angekommen, gibt es auch hier – und das schätze ich am allermeisten an Lokalen – interessantes Publikum. Pseudo-schnöselige Gutmensch-Bobos (zu denen ich mich selbst zähle), aber auch immer wieder bodenständige Schrebergärtner, Hackler, Familien, wo die Kinder Franz und Sabine heißen und nicht Eliah und Hanna – gute Mischung, das macht Sinn und freut.

Essen: Mein Gott, ist das nicht wurscht? Bei schöner Umgebung und guter Gesellschaft (siehe „Publikum") kann man nicht viel falsch machen. Wiener Hausmannskost, nicht besser oder schlechter als anderswo, einfach ok und günstig. Wenn ich eine Rezension für das Falstaff-Magazin schreiben will, fange ich wahrscheinlich nicht hier an. Will ich aber nicht.

Trinken: Angeblich haben die hier eine ganz passable Weinkarte. Ist mir aber auch wurscht. Bei Zweigelt & Co. kann man auch nicht viel falsch machen. Bier und Spritzwein, die nach erschöpfenden zehn Minuten auszehrenden Radelns nicht schmecken, müssen erst erfunden werden. Also nicht motschkern, sondern hinsetzen und genießen.

Apropos Genuss: Des Abends finden sich immer wieder Musikanten und/oder Komödianten ein, die vor bis zu 200 Menschen ihr Bestes geben. Je nach Promille im Blut sollte man dann das Weite suchen oder sich auf eine sehr vergnügliche Zeit freuen. Ich bin meistens früher abgehauen, aber vielleicht war das ein Fehler.

TRAINSPOTTING

Terrassenstüberl

II., Prater 113

Ok, der Prater ist jetzt kein Geheimtipp im engeren Sinn. Man kann aber Riesenrad, Hüpfburg und den ganzen Schmarren großflächig ausklammern und gleich ins Terrassenstüberl gehen. Da fährt einem die Liliputbahn quasi über die Füße, im Hintergrund kreischen ein paar Wahnsinnige von der Hochschaubahn herunter – man ist im Pratergeschehen, aber zumindest geografisch nicht mitten drin, sondern am Rand und kann somit entspannt beobachten. Was ja meistens besser ist, als mitzumachen. Ich schaue zum Beispiel deutlich lieber Dokus über misslungene Apollo-Missionen, als selber daran teilzunehmen.

Damit sind wir beim Terrassenstüberl: Von der Prater Hauptallee kommend, überschreitet man die Gleise der Liliputbahn und lässt sich an einem Tisch im Freien nieder. Der ganze Wahnsinn findet dann vorne, hinten, links und rechts statt – aber eben nicht genau am Tisch. Das unterscheidet das Terrassenstüberl von anderen Lokalen im Prater. Man muss nicht auf den Teller kotzen, weil man gerade Hochschaubahn gefahren ist – es reicht, zuzuhören, wie es andere tun. Selber schuld, die Deppen. Unsereins sitzt derweil sehr entspannt im Gastgarten vom Terrassenstüberl und grinst die Horden an, die mit Langos, Zuckerwatte und Luftballons vorbeiziehen. Die, die reinkommen, schauen relativ kontrolliert links und rechts, checken dann ab, aus welcher Richtung die Liliputbahn kommt, und gehen weiter. Die, die rauskommen, haben oft seltsame Hüte auf, ein Plüschtier unterm Arm und etliche Promille im Blut und machen aus der Überquerung einer zirka zwanzig Zentimeter breiten Bahntrasse eine Lebensaufgabe. Wunderbar!

Wenn das Wetter in Ordnung ist, sitzt man hier perfekt. Bei Länderspielen im nahen Happel-Stadion (früher das „Praterstadion") kommen genau an dieser Kreuzung von Prater-Zugangsweg und Liliputbahn eine Menge lustiger Menschen vorbei, die wahrscheinlich die Straßen- oder U-Bahn suchen und dann unweigerlich auf der Prater Hauptallee landen. Allesamt völlig fett, enthusiamiert oder zu Tode frustriert, und wackeln dann vor den Augen der Terrassenstüberl-Gäste Richtung Hauptallee (wo sie garantiert nicht hinwollten – aber dort scheint halt in der Gegend das stärkste Licht). Sie tragen auch lustige Hüte, haben aber zusätzlich farblich abgegrenzte T-Shirts an und Schals um den Leib gebunden, stimmen Gesänge an und sind meistens friedlich. Zum Raufen fangen sie erst an, wenn sie den mühsamen Weg über die Hauptallee beschritten haben und am Praterstern ankommen, um die U-Bahn zu besteigen.

Das alles soll den Gast nicht stören. Einfach sitzen bleiben, bestellen und zuschauen. Zahlt sich aus.

ROCHUS ROCKT

Rochus

III., Landstraßer Hauptstr. 55–57

Das Rochus hat insofern einen Sonderstatus in meiner Wien-Wahrnehmung, als es tatsächlich als „cool", „in" und „lässig" gilt. Allerdings nicht bei der Klientel, die gewöhnlich Bücher rezensiert und vorgibt, die „Szene" abzubilden, sondern bei jungen Menschen, die gut aussehen, den Takt vorgeben und zu den rezensierenden Opas maximal „Darf ich Ihnen über die Straße helfen?" sagen.

Als fourty something fühlt man sich hier alt. Ist man auch. Macht trotzdem Spaß. Allein der Anblick von brünftigen 20-Jährigen, die durchtrainiert ihren Fokus auf Friseusen-Lookalikes legen … wunderbar! Waren wir auch so deppert in dem Alter? Ja, definitiv. Die Mädels (ob servierend oder ordernd), die sich gut zu präsentieren wissen und offenbar verstehen, dass ihre Zielobjekte tatsächlich mit dem Schwanz denken … waren die damals auch so deppert/berechnend/genial? Ja! Uns ist es halt damals genauso wenig aufgefallen wie den Stiernacken heute.

Gut, lassen wir die Kinder spielen und tun wir so, als ob wir nicht gerne mitspielen würden, weil wir uns ja eigentlich total jung fühlen – die Blicke von der blondierten Fraktion verheißen aber nichts Gutes. „Geh nach Hause, hol deine Tochter ab oder wechsle das Lokal, alter Sack". Alles klar.

Man kann sich auf einzelne Tische zurückziehen und unter sich bleiben. Im Sommer sogar im Freien, im Herbst auch – dank umweltschädlicher Heizschwammerl, die von den Bezirksgrünen streng angeprangert, aber gleichwohl genutzt werden (ich habe sie gesehen).

So, wenn das geklärt ist: Drinnen Allerweltsmusikmischmasch. Stört niemanden, klingt aber nach Party – ist schon mal gut. Ausnehmend engagierte, höfliche Bedienung (die müssen für ihr Engagement bedingtes gutes Aussehen aber auch teuer bezahlen: wandert man mit seinem Bier von einem Tisch zum anderen, wird man von einer zu Recht nervösen Servierkraft darauf hingewiesen, dass das auf ihre eigene Rechnung geht, wenn sie nicht davon Bescheid weiß und es dementsprechend bonieren kann). Also aufpassen: KellnerInnen prellen ist Scheiße. Ich war selber einer!

Zum Essen gibt's auch etwas. Auf der ersten Seite der „Speisen"-Karte steht zum Beispiel „Wodka Red Bull". Das ist folgerichtig, man kann hier wahrscheinlich wirklich gut essen, es interessiert nur die wenigsten. Dieses Lokal hinterlässt viele One-Night-Stands, sexuelle Fantasien, aber zu früherer Stunde auch angenehme Gespräche mit Freunden in sympathischer Atmosphäre. Nichts Neues in dem Sinn, aber warum nicht? Ab und an völlig in Ordnung, und ich hoffe, sie lassen mich auch wieder rein.

WER FRÜHER STIRBT, IST LÄNGER TOT

Simmeringer Friedhof
I., Unter der Kirche 5

Der Simmeringer Friedhof ist ein Dorffriedhof in einem der größten Bezirke in der größten Stadt des Landes. Das alleine ist schon einmal eine Leistung. Gut, er ist größer als übliche Dorffriedhöfe, Simmering ist mittlerweile aber auch ein sehr großes Dorf. In Simmering spürt man – mehr noch als in anderen Außenbezirken – den rauen Charme der alten Wiener Vorstädte. Raufhandel mit Bauchstich liegt also in der Luft. In einer sehr lieblichen Alt-wiener Art („brauchst ane?"), nicht ganz so multi-kulturell verbrämt („Watsche mit Fuß?") wie in Favoriten, oder biedermeieresque wie in Grinzing („Ich rufe meinen Anwalt!"). Ist ein bisschen das Brooklyn von Wien. Nicht wirklich toll zum Dort-Leben, aber wunderbar zum Darüber-Schreiben, von außen betrachtet (ich habe jahrelang in Simmering gelebt, ich darf das).

Der Simmeringer Friedhof ist wahrscheinlich der einzige Wiener Friedhof, der als „bedeutendste Persönlichkeiten" unter seiner Erde einen Freistil-ringer, einen Scharfrichter und zwei Kabarettisten zu bieten hat. Mehr gibt es da nicht. Keine Kompo-nisten der Wiener Klassik, keine Literaten, keine Wissenschaftler … Freistilringer, Scharfrichter und zwei Scherzkekse. Ich finde das sehr sympathisch. Vielleicht liegt dort irgendwann einmal ein Bestseller-Autor und Nebenerwerbs-Scherzkeks – meine Großeltern sind jedenfalls schon dort.

Wenn man von der Hauptstraße kommend unter der Bahnunterführung durchgeht und zum Friedhof gelangt, gibt es linker Hand ein Wirtshaus. Ich glaube nicht, dass sich da irgendjemand hinverläuft, der nicht zum Friedhof will. Also hohe Cordon-bleu-Dichte zu Allerseelen und Leichenschmäuse unterm Jahr, abhängig von der Beschäftigungslage der örtlichen Pompfüneberer. Tadelloser Wirt, sehr klassisch von der Küche her und von den Getränken sowieso. Trotzdem hat er etwas Besonderes. In den warmen Monaten bin ich ein paar Mal im Gastgarten gesessen, habe rechts über die Friedhofsmauer die hohen Grabsteine der besseren Leute gesehen, mir von links das Bier reichen lassen und einen sagenhaft zynischen, grantigen Kellner genossen. Und das meine ich nicht zynisch. Ich habe ihn wirklich genossen. Es war einfach stimmig. Im letzten Eck von Wiens letztem Arbeiterbezirk – und dann noch beim Friedhof. Trister und gleichzeitig positiver kann es kaum gehen. Man stimmt unbewusst das Lied vom lieben Augustin an und erlebt hier tatsächlich das viel zitierte „morbide" Wien. Nicht so gemainstreamed wie am Zentralfriedhof. Der verhält sich zum Simmeringer Friedhof wie Las Vegas zu

Venedig. Ja, es is oasch, wir werden alle sterben –
na und? Prost.

Für die Bildungsbürger: Der Friedhof wurde
bereits im Mittelalter angelegt, sollte von Kaiser
Joseph II. geschlossen werden – der wurde aber mit
einer für damalige Verhältnisse unglaublichen Peti-
tion der Bevölkerung umgestimmt, der Friedhof
wurde bei der Schlacht um Wien im Zweiten Weltkrieg stark beschädigt (hallo? wer bombardiert
Tote?) ... und er ist wirklich toll. Durchspazieren,
und nachher auf ein Schnitzel zum Wirten. Wirkt!

LIEBER REICH UND GESUND ALS ARM UND KRANK

XVIII., Cottageviertel

Ich gehe gerne spazieren. Vorzugsweise in Gegenden, in denen ich etwas Neues sehe oder zumindest etwas, das ich nicht gewohnt bin. Wie zum Beispiel Reichtum. Ich schaue mir gerne MTV Cribs (für Ahnungslose: Reality-TV-Show, in der Stars durch ihre Häuser führen) an, weil es mich – wie Millionen anderer Menschen – interessiert, wo und wie Menschen leben, die mehr Geld haben als unsereins. Ich schaue mir zwar auch Berichte über entlegene Naturvölker an und bin völlig begeistert davon, mit wie wenig die auskommen und glücklich sind – darum geht es jetzt aber nicht. Punkt ist: Niemand geht auf Reisen, um das zu sehen, was er tagtäglich daheim hat. Sind wir uns so weit einig? Gut.

Also ab ins Cottageviertel. Ist vielleicht nicht dringend die Homebase von Millionären, aber von „Hunderttausendären". Der Reiz daran, sich Häuser von Menschen anzusehen, die nicht stinkreich sind, aber zumindest so reich, dass sie ein bisschen schlecht riechen, besteht darin, dass einem dieser mittlere Wohlstand erreichbar und realistisch vorkommt. Wenn man also zum Beispiel durchs Cottageviertel spaziert, sagt einem der Verstand sofort, dass sich so eine Villa nicht in nächster Zeit ausgeht, aber es könnte zumindest theoretisch sein. Ist nicht ganz so abwegig wie durch das Schloss Schönbrunn zu spazieren und danach dem Immobilienmakler mitzuteilen:„Ja bitte, genauso ein Haus hätten wir auch gerne. Aber mit Fernwärme."

Ich nehme mal an, dass die Häuser im Cottage-viertel unter die Kategorie „bürgerlich" fallen. Das ist insofern interessant, als dass – wenn man sich den gar nicht so weit entfernten Karl-Marx-Hof ansieht, der per definitionen für „Arbeiter" gebaut wurde, und dann nochmal schnell ins Cottagevier-tel schaut, wo „Bürger" wohnen – dann der Begriff „Klassenunterschied" sehr plastisch und greifbar wird.

Hier leben oft Menschen, die zwar nie sozialis-tisch wählen würden, aber Grün als echte Alterna-tive zur ÖVP empfinden. Weil: Ihr Gärtner ist Slo-wake, die Putzfrau Polin, das Kindermädchen aus England, der Wahlarzt Iraner, der Taxifahrer Liba-nese …, und mit allen kommt man tadellos aus, gibt teilweise sogar Trinkgeld. (Was für ein Bildungs-defizit müssen also die Arbeiter in Favoriten haben, die dauernd über Ausländer schimpfen und Kro-nenzeitung lesen?)

Und all das öffentlich zugänglich! Damen gehen auf flachen Absätzen zum Charity-Punsch, Herren bauen im Garten aussterbende Gemüsearten an und bauen das Dachatelier auf ein Solarstrom-betriebe-nes Erlebnisbüro um (wo man sich mit dem iPad frei bewegen kann, weil WLAN vorhanden ist) und demonstrieren damit ihren Willen, im Einklang mit der Natur zu leben. Man lässt sich Biofleisch und Obst ein- bis dreimal die Woche an die Türe liefern und weiß somit, dass man der Dritten Welt gerade einen Riesendienst erwiesen hat. Warum machen das diese dummen Menschen in Simmering, Favoriten & Co. nicht auch? Mangelnde Bildung, Verhetzung, Modernisierungsverlierer? Traurig, man sollte auswandern, am besten nach Marbella. Da ist das Wetter auch besser.

Und so flaniert der Besucher durchs Cottageviertel, schaut sich die tollen Häuser, die wunderbaren Gärten an und ist schon ein bisschen neidisch. Schön ist es hier!

DER WILL NUR SPIELEN

Conrad Electronic

SCS Vösendorf, Gewerbepark Kagran

Es ist wurscht, wo Sie hinfahren. Es gibt einen im Süden – in der Shopping City Süd – und einen im Norden, Nordosten – im Gewerbepark Kagran: Conrad Electronic ist für Männer das, was ein Manolo-Blahnik-Outlet für Frauen ist. (Ja, das ist sexistisch, reaktionär, vorvorgestrig etc. ... verklagen Sie mich halt!) Nicht dass man irgendetwas aus diesem Elektronikgroßmarkt wirklich braucht, aber wenn man es sieht, braucht man es definitiv und sofort. Da gibt es zum Beispiel die Abteilung für Modellbau. Was kann einem erwachsenen Mann Besseres passieren, als mit uneingeschränktem Taschengeld im Spielzeuggeschäft zu stehen und zu wissen: „Ich kann mir jedes einzelne dieser Spielzeuge leisten, ich darf es, und ich will es!" Natürlich ist CE ein Trash-Laden, na und? Ein ferngesteuertes Flugzeug um 99 Euro war früher (in den 80ern jedenfalls, in den 90ern wahrscheinlich, in den 70ern und davor sowieso) undenkbar. Jetzt gibt es aber diese wunderbare Modellbauabteilung bei Conrad Electronic, wo man als Ikea-Merkur-Obi-Toys"R"Us-&-Co.-geprüfter Familienvater einfach mal zulangen kann. Ein Doppeldecker, ein Schnellboot, ein Geländewagen? Alles ferngesteuert und gar nicht mal so teuer? Her damit!

Dass man mit dem Sportgerät keinerlei Erfahrung hat, tut dem Einkaufserlebnis keinen Abbruch. Die Verkäufer sind von entzückender Ahnungslosigkeit (ok: ich vermute, sie kennen sich ziemlich gut aus, teilen ihr Wissen aber ungern, weil sie zu Recht sonst befürchten müssten, am Modellflugplatz von Kunden übertrumpft zu werden), das Angebot ist groß und günstig. Da packt man neben den Einkäufen der Woche auch mal eine Messerschmitt aus Styropor ins Auto und hofft auf erhebende Erlebnisse. (Diese Hoffnung muss ich enttäuschen: Sie werden das Flugzeug aufladen, einmal in die Luft werfen, verzweifelt zusehen, wie es in den Acker kracht, beschließen, dass das Pech war, und ein neues kaufen.)

Hilfreich sind Neffen, auf die kann man sich immer wieder ausreden, wenn man mit einem neuen Schwachsinn „made in China, to be destroyed in Wien Favoriten" nach Hause kommt. „Schau mal, ein ferngesteuerter Hubschrauber! Da wird sich der Bub aber freuen" – „Da steht aber drauf: Ab 18, und der Bub ist acht" – „Ah, die heutigen Kinder wachsen schon auf mit den neuen Medien, die können das …"

Dann all der elektronische Unfug, der nur ganz wenig so tut, als wäre er kein Spielzeug: Staubsaugerroboter, Popcornmaschinen, Überwachungskameras, Discokugeln etc. … Der interessiert mich nicht ganz so stark wie das deklarierte ferngesteuerte Spielzeug. Aber dafür kann man wunderbare Kundschaft beobachten: Was sind das zum Beispiel für Leute, die eine Lichtorgel für den Partykeller kaufen und dazu Unterbodenlichter fürs Auto? Wer genau ist die Zielgruppe für Autokameras und Druckluftkompressoren? Ich bin da immer wieder fasziniert, und wenn mir nichts Besseres einfällt, kaufe ich halt Batterien ein. Die kann man immer brauchen.

BIST DU DEPPERT
Lugner City
XV., Gablenzgasse 11

Wenn man seine Sünden abbüßen will oder es einem einfach zu gut geht, kann man gerne in die Lugner City schauen. Es ist nicht viel schlimmer als Einkaufszentren im Allgemeinen. Aber doch irgendwie. Allein das Wissen, nach wem diese Stätte des Grauens benannt ist, schafft unangenehmes Prickeln im Nacken. Oder die Erinnerung an zahllose Events an diesem Ort, die einem die Fingernägel ins eigene Fleisch treiben möchten – zum Beispiel die jährliche Präsentation von Richard Lugners Opernballgast, die in der Lugner City stattfindet. Vielleicht kann die Lugner City als Einkaufszentrum gar nichts dafür – aber aufs Zeppelinfeld in Nürnberg kann man auch nicht einfach gehen und sagen: „Ja, schöne Tribünen, hübsche Bäume." Man kann den Größenwahn solcher Orte nicht ignorieren. Das schwingt mit! Somit wird aus einem stinknormalen H&M eben *der* H&M in der Lugner City. Und somit erwartet man jeden Moment den wahnsinnigen Baumeister, wie er hinter einem Ständer Unterhosen hervorspringt und Austern mit Ketchup verspeist.

Im Drogeriemarkt traut man sich kein Toilettenpapier zu kaufen, weil man damit rechnen muss, dass ER vor einem steht und erklärt, er verwende die selbe Marke.

Im Lebensmittelhandel kann man eigentlich gar nichts kaufen, weil zumindest theoretisch die Chance besteht, dass ER vor Kurzem durch die Gänge geschlurft ist und alles angesabbert hat.

Ich weiß schon, das ist alles nicht sehr wahrscheinlich – aber trotzdem.

Anderswo als in Wien würde man Launen der Natur wie Richard Lugner und seine Einkaufscity bestenfalls ignorieren oder stillschweigend akzeptieren, dass es Schatten geben muss, wenn man Sonnenschein will. In Wien wird so eine Katastrophe zum Kult, zum Ausflugsziel! Der beste Beweis: Selbst ich schreibe unter Schmerzen darüber.

Wien besteht eben nicht nur aus Fiakern, Heurigen und vergoldeten Barockbauten ... es nutzt nichts. Um die Nähe Wiens zum Ostblock (Wien ist die östlichste Großstadt Westeuropas, hat mehr mit Polen und Slowakei zu tun als mit Deutschland oder der Schweiz) am eigenen Leib zu erfahren, hilft ein Besuch in der Lugner City. Nicht wirklich lohnenswertes Shoppen, billige, graue Architektur, blasse, aufgedunsene Menschen, Alkohol, Trash, Trostlosigkeit ... mit einem Wort: alles, was Spaß macht. Wie muss sich eine Pamela Anderson oder eine Claudia Cardinale gefühlt haben, als sie hier grinsenden Journalisten vorgeführt wurden? Im Hintergrund Hausfrauen mit Zwiebelporsche, dazwischen ein paar Jugendliche mit Migrationshintergrund, die keine Ahnung haben, wer die

„Stars" sind, aber es klasse finden, wenn Fernseh-
kameras in der Nähe sind und generell mal „was los
ist", und in der Mitte … (ich muss tief durchatmen
und mich sammeln) …, in der Mitte: Richard Lugner.

Wiener reden nicht gerne davon, aber auch das
ist ein Teil der Geschichte, der nicht verdrängt werden darf. Man muss der Nachwelt davon erzählen,
auf dass es sich nie mehr wiederhole!

KLEINES BIER, KLEINES GULASCH – ALLES LEIWAND!

Cafe Weidinger

XVI., Lerchenfelder Gürtel 1

Ich bin früher oft im Weidinger gewesen, weil ich mit der Tochter der Besitzer (mittlerweile dürfte sie selbst die Chefin sein) befreundet bin. Da habe ich mir nicht viel dabei gedacht und das Weidinger einfach als das empfunden, was es ist: ein schön schmuddeliges Café mit viel Platz und mittelgrantigen Kellnern, wo man noch immer gewissenhaft rauchen darf. Später bin ich draufgekommen, dass das Weidinger super-in ist, ein Geheimtipp, und dass da die coolen Menschen hingehen, auch wenn sie nicht mit der Chefin befreundet sind. Es geht also beides. Die Toiletten sind ein Hohn, muss man auch sagen. Aber vielleicht stehen sie unter Denkmalschutz und müssen so aussehen. Ganz hinten, hinter den Billardtischen, ist ein Kegelkeller. Da haben wir oft Geburtstagspartys und Ähnliches steigen lassen. Auch das tun allem Anschein nach auch andere Leute – nur dass sie wahrscheinlich länger aufs Bier warten müssen, weil die Chefin nicht persönlich mitfeiert.

Es ist ja schon irgendwie langweilig: Es gibt keinen Absatz über Wien, in dem nicht von den „typischen" Wiener Kaffeehäusern die Rede ist. Von der

Melange, vom Seidl, den Zeitungen, den legendär mieselsüchtigen Kellnern mit gutem Herz, blablabla … Das Problem: Es stimmt wirklich. Und das Weidinger ist ein hervorragendes Beispiel dafür. Ich habe keine Ahnung, ob es hier was zu essen gibt, oder ob der Kaffee besser oder schlechter ist als anderswo. Ist das nicht völlig egal? In Kaffeehäuser geht man in erster Linie wegen dem Ambiente. Und außerdem: wegen dem Ambiente. Das Einzige, was mich abschrecken kann, sind megalange Wartezeiten beim Bestellen. Sind hier auch nicht gegeben. Also kein Grund, nicht ins Weidinger zu gehen. Weiterer Vorteil: Die Lage am Gürtel lädt nicht unbedingt Laufkundschaft aus dem touristischen Tagesbetrieb der Innenstadt ein. Wer hier hergeht, macht das bewusst. Also wenn Sie schon mal in der Gegend sind oder länger mal vorgehabt haben, ein Stückchen mit der U6 zu fahren: go ahead!

Wegen der Kegelbahn: Das ist eine richtige Kegelbahn, keine Bowlingbahn. Junge Menschen können sich heutzutage nicht mehr vorstellen, dass man mit viel zu kleinen Kugeln ohne Löcher Kegel umschmeißt. Aber das war früher normal und heißt Kegeln. Wirklich! Verhält sich zu Bowling wie Fasching zu Halloween. Ist also das Original, auch nicht schlechter, und man fragt sich, warum es eine amerikanische Kopie dafür braucht? (Braucht es eh nicht, das Marketing war halt besser.) Außerdem pfeife ich beim Kegeln auf Discobeschallung und eine Atmosphäre wie in der Shoppingmall. Ein holzvertäfelter Keller mit ein paar Wirtshaustischen, auf denen sich die Gläser stapeln, ist das gottgewollte Ambiente für einen gepflegten Kegelabend, so schaut's aus!

WER BIN ICH UND WIE BIN ICH HIER HERGEKOMMEN

Gräfin am Naschmarkt
VI., Linke Wienzeile 14

Wie soll man sagen? Nüchtern war ich da noch nie. Weil warum: Die Gräfin am Naschmarkt auf der Linken Wienzeile wird hauptsächlich aufgesucht, weil dort lange offen ist. Wenn man also so gegen 4 Uhr in der Früh der Meinung ist, dass noch Durst vorhanden ist, geht man dorthin. Und ja, das ist mir auch zwei-, dreimal passiert. Man kann sich viel Geld und Zeit im Taxi ersparen, wenn man gleich zur Gräfin fährt. Ich habe öfters versucht, andere Lokale zu besuchen. Alleine, sie waren alle zu. Wie ich. Kein Wunder, um die Uhrzeit! Das nächste Mal also lieber gleich zur Gräfin.

Besonders im Sommer, wenn es zeitig hell wird, ist es ein Erlebnis, völlig besoffen aus der Gräfin zu wanken und zu realisieren, dass der neue Tag schon im vollen Gang ist, Menschen zur Arbeit gehen, die Sonne scheint, alles seinen gewohnten Gang geht …, nur ich befinde mich in einem Paralleluniversum. Wenn sogenannte „Galas" oder „Preisverleihungen" in Wien stattfinden, ist die Gräfin ein sicherer Spot für Promisichtungen. Nach Romy, Amadeus, Nestroy und wie sie alle heißen saufen die B bis E-Promis im Rahmen des organisierten Festes auf Kosten des Gastgebers und werden normalerweise spätestens um 2 Uhr rausgeschmissen. Jetzt ist man aber gerade der Ansicht, dass der Regisseur, den man gestern noch gehasst hat, der Journalist, der nur Scheiße schreibt, der Musiker, der nur Müll produziert, seine besten neuen Freunde sind. Also wohin? Richtig, zur Gräfin.

Dort warten aber nicht nur zartbesaitete Künstler (die tauchen eben nur nach Preisverleihungen auf), sondern auch derbe Typen, die von Berufs wegen in der Nacht unterwegs sind. Also keine Zahnärzte und Juristen, sondern schon eher die Sorte Mensch, die viele Mädels aus dem Osten kennen und mit ihnen Geschäfte machen.

Krache ich da also vor Jahren gegen 4 Uhr Früh in die Gräfin. Im Schlepptau von ein paar Musikern, einer Schauspielerin und einer Journalistin. Irgendwann geben alle w.o. und gehen nach Hause. Außer mir und der Kollegin von der Presse. Draußen wird es hell, wir sind fett wie die russische Erde. Apropos russisch: Ein russischer junger Mann, beruflich in der Prostitution in gehobener Managementebene tätig, kommt an den Tisch, macht kein Hehl daraus, dass er gewohnt ist, die Puppen nach seinem Takt tanzen zu lassen, Gewalt nicht abgeneigt ist, und sucht Kontakt zur Dame. Oje, das ist aber richtig blöd. Abhauen und sie alleine lassen kann ich jetzt nicht, das wäre sogar für meinen niedrig gefassten Begriff von Ehre zu tief. Streiten kann ich mit dem Typen auch nicht, dafür lebe ich zu gerne. Also: Wir simulieren aus dem Stegreif ein Ehepaar. Sie schreit mich an, dass ich meine Socken immer am Boden liegen lasse, ich retourniere ein „Und deine Buchteln schmecken wie fian Oasch", sie gibt ein „Impotenzler, depperter", worauf ich ein „ka Wunder, schau di an" anbiete … etc. etc. …

Jedenfalls: Der russische Zuhälter hatte zwar ursprünglich vor, meine Leiche im Hinterhof zu entsorgen und dann die Kollegin zu beglücken. Jetzt aber kommt so etwas wie „Solidarität unter Männern" ins Spiel. Mit dem vermeintlichen Drachen will der Mann aus dem Osten doch nichts zu tun haben, gibt mir einen Blick à la „Viel Glück, du wirst es brauchen, Kollege" und entfernt sich. Alles gut gegangen. Hihi, das war schön!

BLACK CELEBRATION
Viper Room
III., Landstraßer Hauptstraße 38

Das Viper Room in Hollywood kennt man, weil es mal Johnny Depp gehört hat, River Phoenix davor gestorben ist und von Johnny Cash über Placebo bis Oasis alle dort gespielt haben, die irgendwie in die Kategorie „cool" fallen.

Das Viper Room in Wien könnte man kennen, weil mir dort schon mal sehr schlecht war und ich mit einigen Bands ebendort gespielt habe. Unwahrscheinlich, gebe ich zu – aber einer derart schmissigen Einleitung konnte ich nicht widerstehen.

Dem Vernehmen nach zählt das Viper Room eher nicht zu den „coolen" Venues von Wien. Wenn man zumindest der einschlägigen Geschmackspolizei in diversen Medien Glauben schenken will. Wenn Sie in „angesagte" Clubs gehen wollen und sich gerne zum Affen machen: gerne, bin nicht böse, aber ich sehe das eben anders. Das Viper Room ist gnadenlos unhip. Zu Silvester bietet man beispielsweise „Dark & New Wave, Goth Rock, Post Punk, 80ies, EBM, Synth & Future Pop". Dresscode ist also eher schwarz.

Hier spielen hauptsächlich Bands, die entweder vor 25 Jahren cool waren oder vor 25 Jahren gerne cool gewesen wären (so wie meine Kapellen zum Beispiel). Absolutes Minderheitenprogramm, aber

Minderheiten haben den Vorteil, dass sie sehr treu sind und zusammenhalten.

Weil sie sich sonst im Nichts auflösen würden – und wer will das schon? Also treffen sich im Viper seit Jahren die letzten unbeugsamen Gruftis der Stadt und zelebrieren ihre Melancholie. Ich weiß ja nicht, was das früher war, aber der Keller geht mindestens drei Etagen in die Tiefe und hätte gut und gerne ein Luftschutzbunker sein können. Da unten hat es einen Qualm (selbstverständlich Raucherlokal), der nicht daran denkt, ans Freie zu gelangen, weil er sich nicht all die Treppen nach oben bewegen möchte. Dazu der Geruch von Schweiß und ausgeleertem Bier … herrlich. Das muss man nicht mögen, aber an dieser Stelle sei daran erinnert, dass der Cavern Club auch keine Fünf-Sterne-Cocktail-Bar war, und trotzdem pilgern Touristen hin, weil sie sehen wollen, wie die Ziegelsteine wirken, vor denen die Beatles gespielt haben. Weiterer Vorteil: Es ist so zappenduster, dass man als alter Mensch nicht weiter auffällt. Als 40-Jähriger kann man nicht in jeden x-beliebigen Club gehen, außer man möchte in den Verdacht geraten, seine Kinder abzuholen. Im Viper Room sind erstens auch eher die alten Säcke vertreten (wer sonst steht auf Synthpop und Wave aus den 80ern?), und selbst wenn mal die kleinen Geschwister oder der Neffe mitgeht, fällt das nicht weiter ins Gewicht, weil eben die Beleuchtung eher Akzente setzt als zu erhellen. Hier darf man meistens auch mit dem DJ reden, ohne für komplett jenseitig gehalten zu werden (anderswo: „hallo? mit dem DJ redet man nicht, bist du wahnsinnig?"), Aperol Spritz kennt man nicht, hier werden Wein und Bier gereicht, und der Haustechniker ist von faszinierendem Desinteresse, wenn es darum geht, den Livebands das Equipment zur Verfügung zu stellen, das sie zur Ausübung ihrer Konzerte brauchen. („Mikrofon? Aha … muss i schaun…" etc.) Folgerichtig finden hier nicht die durchgestylten Gigs mit Video und Licht-Show à la Rihanna statt, sondern Krach von Menschen, die Selbstzerstörung ok finden und bereit sind, die Gage an Ort und Stelle mit dem Publikum zu versaufen. Im Prinzip ist es so: Wer wissen will, wie es im ach so kultigen U4 früher (jaaa, da haben Nirvana und Prince gespielt, wissen wir) zugegangen ist, der kann sich die Zeitreise sparen und ins Viper gehen.

DEIN FREUND UND HELFER

Polizeibad
XXII., Dampfschiffhaufen 2

Es heißt zwar „Polizeibad", aber ich war noch nie baden dort. Und bei der Polizei bin ich auch nicht. Das ist auch nebensächlich. Klar, es gibt jede Menge Wasser, Strand, Alte Donau eben. Wenn man unbedingt will, kann man schwimmen gehen, Tretboot fahren, sich Fußpilz holen oder tun was man will. Warum das Polizeibad aber wirklich super ist: Es gehört zu einer groß angelegten Sportanlage, die man von Kaisermühlen kommend über einen Steg erreicht, der gerne eine Brücke wäre. Das ist schon das erste Highlight. Vom Steg aus kann man jede Menge Fische beobachten, auf der Polizeibadseite wächst Schilf, und da stehen oft große, fette Karpfen. Würde man geradeaus gehen, käme man an einer Schrebergartensiedlung vorbei. Da frage ich mich jedes Mal: „Wie haben die ihre Hütten bekommen?" Mitten in Wien, aber doch in der Natur, und irgendwie leistbar müssen die auch sein, sonst würden hier nur Manager und Nebenerwerbsmillionäre wohnen, was sie nachweislich nicht tun. Es gibt einen Fischereiverein, was extrem wichtig ist, wenn man mit dem Boot herumgondeln und Würmer baden möchte.

Wenn man aber nach dem Brückensteg rechts

einbiegt, kommt man zu einem riesigen Sportplatz. Das ist schon einmal eine Erwähnung wert: Ein guter Sportplatz hat nämlich meistens auch eine gute Kantine. So auch hier. Wenn man grünen Rasen mit weißen Bodenmarkierungen als Natur durchgehen lässt, dann hat man hier eine perfekte Terrasse mit Blick in die Natur. Absolute Ruhelage, hinter einem die Alte Donau, vor einem der Rasen. Manchmal spielen da Menschen Fußball, was der Unterhaltung auch nicht abträglich ist. Nachdem sich hierher mit Garantie keine Touristen verlaufen (nicht einmal Wiener – hier kommt niemand hin, der nicht bewusst hinwill), herrscht eine seltsam anmutende positive Stimmung. Weder grantiges Wiener Gemotschker noch schleimiges Touristen-gelaber. Wahrscheinlich weil niemand damit rech-net, dass hier jemand herkommt, der nicht herge-hört. Ein bisschen wie Regenwaldvölker, die vollkommen unvoreingenommen auf weiße Missi-onare zugehen, weil sie nicht davon ausgehen, dass diese Böses wollen könnten. Ob man dann Bier, weißen Spritzer, Schnitzelsemmel oder Pommes konsumiert, ist wirklich wurscht. In so einem Umfeld der Zufriedenheit und der Harmonie schmeckt alles gut.

Aber: nicht aufhalten lassen. Nach ein, zwei Bier bewegen wir uns weiter und kommen nach ein paar Hundert Metern zum Polizeibad. Auch hier ist die Kantine wichtig. Von Ästhetik und Ablauf her eher die mühsame Schihüttenpartie (also: Tablett nehmen, anstellen, warten). Aber es lohnt sich. Wenn man nämlich seine Getränke beieinander hat, geht man auf die Liegewiese, wo einige Holztische samt Bänken ihrer Bestimmung harren. Dort lässt man sich erleichtert nieder, weil man es eventuell geschafft hat, ein Tablett voller Getränke so weit zu transportieren, ohne etwas zu verschütten oder gar zu stolpern und gleich alles dem alles verzeihenden Rasen zu überantworten.

So, jetzt setzt man sich mit seinem Spritzer an so einen Holztisch und freut sich. Auf der einen Seite die Alte Donau. Boote, Fischer, Fische. Auf der anderen Seite Wiese, Bäume und – wenn das Wetter passt – Badegäste, die entweder skurril oder zumindest interessant aussehen. Ich persönlich schaue lieber zur Alten Donau, weil ich die Ruhe vom Wasser mag, wissen möchte, welche Tiere darin leben, und neugierig bin, welche Menschen gegenüber am anderen Ufer leben. Stress gibt's hier nicht, weil es für den Stress zu abgelegen ist, um hierherzukommen (wahrscheinlich weiß er nicht, dass er einfach mit der U1 und dann mit dem Bus ein paar Stationen fahren müsste – wirklich watscheneinfach).

Wenn man dann genug hat, kann man das Ganze noch einmal retour genießen: Polizeisportplatz samt Kantine, Brücke/Steg samt Flora und Fauna unterhalb, und dann mit dem Bus zur U-Bahn. Wunderbar!

VON HOFRATSWITWEN
UND DENEN, DIE ES NOCH
WERDEN WOLLEN

Kutschkermarkt

XVIII., Kutschkergasse

Der Kutschkermarkt ist angeblich einer der zwei letzten Straßenmärkte Wiens. „*Am Kutschkermarkt trifft sich Jung und Alt. Ob als Genussgeschäfte ausgezeichnete Marktstände oder das Slow-Food-Eck: Genuss wird hier großgeschrieben … Je nach Jahreszeit gibt es vorwiegend saisonale Produkte, zwischen frischem Obst und Gemüse und farbenfrohen Blumen findet man unterschiedlichste Genussartikel …*" – so weit der Pressetext.

Wahr ist auch und vielmehr: Der Kutschkermarkt ist das einzige Freigehege Wiens für Hofratswitwen und selbstverliebte Künstler inklusive öffentlicher Fütterungen und Streichelzoo. Die Gegend um den Kutschkermarkt ist zum einen ein herrliches Reservat für Neureiche, denen die Josefstadt schon ein bisschen fad geworden ist und Hietzing oder Döbling zu offensichtlich wäre. Zum anderen gibt es auch die Ureinwohner – also die wirklich feineren Leute, die hier schon vor Jahrzehnten gewohnt haben und jetzt eben Wohnung und Pension vom verblichenen Gatten weiter benutzen. Ich weiß das, weil ich selber über fünf Jahre in der Martinstraße gewohnt habe. Ich bin zwar weder Hofratswitwe noch selbstverliebter Künstler, aber irgendwo dazwischen wahrscheinlich. Es ist eine reine Freude, über den Kutschkermarkt zu flanieren und – sagen wir mal – Oliven und Schafkäse zu kaufen (wenn einem wirklich nichts anderes einfällt), sich dabei hinter Damen im Pelzmantel und Maßschuh (die unauffälligen, sonst wäre es prolo) tragenden Kreativen anzustellen, sie zu belauschen, zu beobachten, wie sie die Standlbetreiber behandeln, als wären sie ihre Butler oder Gärtner, wie sie sich fachmännisch als Gourmets geben (aber in Wahrheit einen Leberkäse nicht von einem Emmentaler unterscheiden können), wie sie vermeintlich wissend fragen, von welcher Rebe der Weinessig, von welchem Gehöft das Mangalica-Schwein kommt, und völlig immun gegen sagenhafte Rechnungen sind. Die Standlbetreiber können sich dann oft das Lachen nicht verkneifen, beißen sich auf die Lippe, händigen die Ware aus und stoßen innerlich ein Stoßgebet aus, dass die Kundschaft bitte immer so herrlich blöd bleiben möge.

Woher ich auch das weiß? Ich habe – wie gesagt – selbst dort gelebt und oft mit den Standlern geredet. Mich haben sie für einen arbeitslosen Studenten gehalten und mir vertraut. *„Ich weiß, die Weiber und die Schnösel haben einen Poscher, aber sie machen das Geschäft aus"*, war noch die freundlichste und gleichzeitig treffendste Marktanalyse. Wenn man am Kutschkermarkt zum Beispiel zwei Leberkäseziegel in die Auslage legte, einen davon „Leberkaese" beschriftete und um 50 Prozent verteuerte, könnte man mit an Sicherheit grenzender Wahrscheinlichkeit davon ausgehen, dass er sich besser verkauft als der günstigere „Leberkäse". Für Feldstudien also tadellos. Nachher kann man zum Branntweiner oder ins Café Schopenhauer ums Eck gehen und sich vom Kulturschock erholen. Da findet man schon am Vormittag Seidl haltende Gäste. Wenn man gegen 17 Uhr wiederkommt, halten sie sich am Tresen fest und erklären einem, warum windows „windows" heißt: weil „windows" „Fenster heißt", waasst?

WIR SIND A VARREIN

Johnny's Pub
IV., Schleifmühlgasse 11

An sich ist Johnny's Pub ein Pub. Ein irisches wahrscheinlich. Mit Dartboard, Guinness, lauter Musik und grölenden Gästen, die gerne auf Englisch bestellen, weil es authentischer wirkt, obwohl die Kellner eh alle Deutsch sprechen (interessant, ich habe noch nie Wiener in einer Pizzeria italienisch bestellen gehört oder am Kebab-Stand türkisch parlierend).

Fakt ist: Der Besitzer von Johnny's Pub heißt wirklich Johnny und ist wirklich Engländer (gut genug für ein Irish Pub). Aber: Er dürfte im Burgenland aufgewachsen sein. Er sieht nicht nur denkbar unbritisch aus, er spricht auch so burgenländisch, dass „Bellen" ein Hilfsausdruck und eine Anmaßung für alle Hunde wäre. Ich habe ihn das erste Mal Anfang der 90er getroffen, als er mit ein paar Freunden in der Zentagasse ein Kellerlokal namens „Loch Ness" betrieb. Das „Loch" erklärt sich aus der Kellerlocation. Woher das „Ness" kam, weiß ich nicht. Es war wirklich ein Loch, aber sehr gemütlich. Irgendwann habe ich mit Johnny darüber geplaudert, wie das Geschäft denn so gehe und wie er (ich glaube, er hatte ursprünglich mit EDV zu tun) in die Gastronomie gekommen sei. Im Lauf dieses Gesprächs sprach er den für mich prägenden

Satz: „Wir sind a Varrain." (= Wir sind ein Verein
– also er und seine Freunde, die das Lokal betreiben. Wahrscheinlich aus steuerlichen Gründen oder
Ähnlichem.) Jedenfalls war nicht nur ich begeistert
von der Aussprache„Varrain". Innerhalb weniger
Wochen wurde es unter Anfang-20-Jährigen in
Margareten Usus, Worte, die auf -ion enden als
-iaun auszusprechen. Aus purer Liebe und Aner-
kennung von Johnny's Burgenländisch. Also: Kom-
munikatiaun, Institutiaun, Situatiaun etc. ... Ich
habe zehn Jahre gebraucht, um mir das wieder
abzugewöhnen. Von unzähligen FM4-Hörern
abgesehen, denen ich via Äther das burgenländische
„Iaun" nahegebracht habe. Und es rutscht mir
immer noch immer wieder heraus. Bzw. werde ich
mitten in Gesprächen korrigiert. Sage ich zum Beispiel: „ ... die Version von blablabla ...", erwidert
mein Gegenüber: „die was, bitte?". Ich muss dann
richtigstellen: „die Versiaun von blablabla ..." Es ist
ein Ritual wie Urbi et Orbi. Man tut es einfach,
ohne groß zu hinterfragen, warum.

Ich halte es für wichtig, diesen historischen Hintergrund zu kennen, bevor man in Johnny's Pub
geht. Ohne dieses Wissen wäre es zwar immer noch
ein ziemlich lässiges Irish Pub, aber eben auch nicht
mehr. Wenn man aber im Hinterkopf behält, dass
das Lokal „sensatiaunell" ist, hat man eindeutig
mehr davon.

Das Point of Sale und der britische Laden gegenüber gehören mittlerweile genauso Johnny aus dem Burgenland wie gefühlte zehn andere Lokale in der ganzen Stadt, und das ist nicht übertrieben. Pubs, Studentenlokale, you name it. Ohne Johnny müssten sehr viele Wiener am Abend zu Hause bleiben, und die allerwenigsten wissen, warum sie dann eine „Depressiaun" hätten.

FALCO
UND KREISKY

V., Ziegelofengasse

Ganz unten links in der Ziegelofengasse gibt es ein Gasthaus. Das heißt „Altes Fassl". Wenn Sie nachfühlen wollen, wie es auf meinem 20-jährigen Maturatreffen war, dann sind Sie herzlich eingeladen, das dort im Gastgarten auszuprobieren. Sie müssen nur ein paar Leute an Ihrem Tisch versammeln, mit denen Sie in den letzten Jahren aus gutem Grund keinen Kontakt gehabt haben und mit denen Sie nichts weiter verbindet als die Tatsache, dass man eben mal zufällig im selben Warteraum die Reifeprüfung herbeigesehnt hat. Dann erzählt einer nach dem anderen, was er für einen tollen Job hat, welches Auto er fährt, etc. ..., und wenn alle betrunken sind, gehen sie wieder nach Hause. Egal, aber: Das „Alte Fassl" ist ein empfehlenswertes Lokal (Schnitzel, Bier, Grillplatte & Co. sind vorhanden), wichtig ist mir aber anzumerken, dass im Nebenhaus Falco aufgewachsen ist, denn man kann es nicht oft genug sagen. Falco, der einzige internationale Popstar österreichischer Provenienz, der mit einem deutschsprachigen Song Nummer eins in den USA gewesen sei – wie man immer wieder von Medien vorgeblökt bekommt. (Was natürlich völliger Schmarren ist. Der Song „Amadeus" wurde von Holländern geschrieben und in der Version, die in den US-Radios lief, kam kein deutsches Wort, geschweige denn Falcos Stimme vor, weil es ein Instrumental-Remix war. Einzig Falcos Gesicht war am Cover, mehr nicht. Aber mein Gott, wenn es die Leute freut …)

Wenn man also analog zu Beatles-Touren in Liverpool eine Falco-Tour in Wien machen möchte, dann wäre hier der Ausgangspunkt. An der Hauswand ist ein Schild angebracht, damit keiner versehentlich das falsche Haus anhimmelt. Ein bisschen weiter oben ist der Phorusplatz. Hier war früher ein Park mit einem Bunker aus dem Weltkrieg, der zwar offiziell abgesperrt war – 9-Jährige sind aber sehr kreativ, wenn es darum geht zu erforschen, was hinter verschlossenen Türen ist. Sagt man angeblich. (Es war nur Dreck und Staub unten, nicht die erhofften Waffen und Schätze. Jetzt kann ich es zugeben, ist verjährt.) Neben dem Park und Spielplatz war eine Markthalle. Mitte der 70er-Jahre sollte sie abgerissen werden, was zu großen Protesten führte. Als 7-Jähriger habe ich so den Sohn von Bruno Kreisky kennengelernt. Weil mir am Spielplatz fad geworden war, bin ich rüber zur Markthalle zu den Demonstranten und Besetzern gegangen und habe mir von Kreisky Jr. erklären lassen, warum die Markthalle bleiben muss und er strikt gegen Ganztagsschule ist. (Den Sticker „Zwangstagsschule – Nein Danke!" haben meine bürgerlichen Eltern nicht so toll gefunden.) Wenn ich das richtig verstanden habe, ist es heute umgekehrt: Rot will Ganztagsschule, schwarz nicht. In den 70ern war das jedenfalls andersherum, das kann ich bezeugen.

Man hat dann die Markthalle, den Park und den Spielplatz abgerissen und ein Altersheim hingebaut. Da habe ich mich schon als Kind zum ersten Mal so richtig von der Politik verstanden gefühlt.

In unmittelbarer Nähe war ein kleiner Friseurladen. Die Mutter von einem Schulfreund hat dort gearbeitet und dem jungen Falco die Haare geschnitten. Er soll ein ziemlich verwöhnter, mühsamer Bengel gewesen sein, sagt sie. Das stimmt, sagt der Vater meines Freundes. Darum habe er als Kind Falco im Park immer wieder ein paar gescheuert. Noch weiter oben ist die Wiedner Hauptstraße. Wenn man die stadtauswärts geht, kommt man zum Gymnasium Rainergasse. Da ist der Falco auch hingegangen. Und ich auch. Allerdings später, weil ich jünger bin. Ich hatte aber die gleichen Deutsch- und Musiklehrer. Ich weiß nicht, wie oft ich mir Anekdoten über Falco habe anhören müssen. Er sei sehr originell gewesen. Heißt auf Lehrerdeutsch: Gfrastsackel, elendiges. Und am liebsten hätten sie ihn rausgeschmissen. Ach ja: Auf dem Weg von der Ziegelofengasse zur Rainergasse gibt es einen italienischen Eissalon auf der Wiedner Hauptstraße: hingehen!

AN APPLE A DAY
KEEPS THE DOCTOR AWAY
Tools at Work
II., Zirkusgasse 40

Wenn Sie das beste Apple-Geschäft Wiens suchen, können Sie Ihre Suche hier beenden. (Da die Zielgruppe dieses Buches bevorzugt per Apple-Geräten ihren Status auf Facebook postet, kann das ein wertvoller Tipp sein, glauben Sie mir.) Ich verwende seit über zwanzig Jahren Apple-Computer, habe auf diesem Gebiet also Erfahrung. Ich war bei Händlern, wo ich den Verkäufern die von ihnen verkaufte Software erklären musste, ich habe Geräte, laut Händler „irreparabel", wieder in Gang gebracht …, aber nichts dergleichen je bei „Tools at Work" erlebt. Wo man einen Mac kauft, ist völlig egal. Die kosten überall gleich viel, das dürfte genormt sein. Also machen Service und Beratung den Unterschied. Und hier kommt der Apple-Dealer meiner Wahl ins Spiel: Die kennen sich tatsächlich aus. Und wenn sie's nicht tun, behaupten sie's nicht, sondern fragen einen Kollegen. Wenn es der auch nicht weiß, dann recherchieren sie. Wenn sie dabei nichts rausfinden, rufen sie bei Apple an. Und wenn die behaupten,„das geht nicht", finden die bei „Tools at Work" eine Möglichkeit, dass es geht. Beispiel: Einer meiner grandiosen Bestseller ist weit gediehen auf der Festplatte meines Laptops gespeichert. Für weitere Recherchen packe ich das Auto, um auf Reisen zu gehen. Wie ich den Laptop zu Socken, Unterwäsche und Zahnbürste in den Kofferraum meines Boliden betten möchte, schalte ich ihn noch schnell ein, um etwas nachzusehen. In dem Moment höre ich ein surrendes Geräusch, das nichts Gutes verheißt. Festplatte im Ar …! Nicht gut. Also ab zu „Tools at Work". Die schauen sich das an, verziehen das Gesicht: „Wir müssen dir was sagen … dauert zirka eine Woche, und wegen der Daten …" Nein, bitte nicht! Ich habe eine zweiwöchige Reise geplant, sollte längst auf der Autobahn sein und mein Buch finalisieren. Backup habe ich, aber keine Zeit, den ganzen Krempel neu aufzusetzen. Außerdem keine Lust und schon gar kein Geld, wochenlang auf eine Reparatur zu warten. Muss arbeiten. Verreisen. Schreiben! Selbstverständlich ist auch die Garantie eine Woche davor abgelaufen. Nach einigem Getuschel unter Technikern und einen Anruf später teilt man mir mit, ich solle in einer halben Stunde wiederkommen. Ok, ich gehe ein paar Mal um den Häuserblock, rauche nervös wie ein werdender Vater vor dem Kreißsaal, komme blass und zitternd ins Geschäft zurück. „Es ist ein Laptop, gratuliere!" Neue Festplatte drin, Daten gerettet – und das alles zum Kulanzpreis und in Rekordzeit.

Mehr erwarte ich eigentlich gar nicht von einem Computerhändler. Dass die allesamt super-nett und freundlich sind, stört mich aber auch nicht.

TRINKEN MIT SINN

Schwarzer Rabe
XVI., Ottakringer Straße 180

Der „Schwarze Rabe" ist ein Gasthaus, eine Brauerei oder ein Pub. Oder alles zusammen. Ist wahrscheinlich Geschmacksache. Auf jeden Fall ist er in Ottakring, was der sechzehnte Bezirk von Wien ist. Nicht gerade ums Eck für die meisten, aber einen abendlichen Ausflug wert. Die U6-Station ist ein paar Minuten entfernt, man kann also gewissenhaft tschechern, ohne ein Vermögen fürs Taxi ausgeben zu müssen.

Was mir gefällt: holzvertäfelte Wände, und zwar so richtig schöne alte. Die im Lauf der Jahrzehnte von Zigarettenrauch, Alkoholdunst und sonstigen körperlichen Ausdünstungen erst ihre richtige Patina bekommen haben. Die stammen sicher aus der Zeit, als der „Schwarze Rabe" ein Gasthaus war und sonst nichts, Keine Brauerei. Und als Pub noch ein Fremdwort war.

Raucher- und Nichtraucher-Bereich werden von einer klassischen gelben Wirtshausglasscheibe getrennt. Dafür gibt es sicherlich einen eigenen Namen, aber wenn man sie sicht, weiß man, was ich meine. Der Name „Schwarzer Rabe" gefällt mir übrigens auch sehr gut. Klingt nach Wirtsstube aus Vorzeiten, wo wandernde Handwerker Halt machten und spätabends nach etlichen Bechern

Wein als Söldner für des Kaisers Heer geworben wurden.

Was man machen muss: unbedingt am Freitag Abend hingehen! Da ist nämlich Quiz angesagt. Klingt sagenhaft lächerlich, und ich bin auch kein Freund von organisierter Heiterkeit, aber das ist wirklich unterhaltsam. Es bilden sich Teams an den Tischen (so spielen auch Menschen im gleichen Team, die sich nie zuvor gesehen haben), und dann ergreift der Quizmaster hinter der Theke per Mikrofon das Wort. Jedes Team bekommt einen Zettel, auf dem die Antworten festgehalten werden müssen, dann wird eingesammelt und am Schluss benotet. Wie in der Schule. Unterschied: Wer die meisten Punkte hat, bekommt gratis zu trinken. Das war zumindest in meiner Schulzeit noch nicht so. Die meisten Fragen drehen sich um Musik, darum sind Smartphones mit Musikerkennung verboten. Auch googeln darf man nicht (ich hab's zwar getan, aber trotzdem verloren). Alle haben Spaß und müssen sich nicht so viel Gedanken darüber machen, worüber sie reden könnten, weil das der Quizmaster für sie übernimmt. Vielleicht die Alkoholikerversion von Animation im Club Med, aber wirklich lustig.

Ähnliches habe ich schon in englischen Pubs (also richtigen Pubs, in England) erlebt, aber in Kombination mit der Wirtshausatmosphäre in Ottakring hat das ein eigenes Flair.

Das Wirtshaus und das Pub wären somit abgehandelt. Fehlt die Brauerei. Naheliegenderweise hört das hauseigene Bier auf den Namen „Rabenbräu" und mundet tadellos. Starobrno, Guinness und einige andere gibt es auch, aber die gibt's anderswo auch.

Was mir nicht gefällt: eigentlich nichts. Außer dass es meistens sehr spät wird und ich am nächsten Tag eine sehr trockene Kehle habe. Aber dafür kann der „Schwarze Rabe" per se nichts.

ES GIBT IMMER EINEN GRUND, SICH LÄCHERLICH ZU MACHEN

Faschingsprinz

II., Taborstraße 11

Ein Geschäft, das „Faschingsprinz" heißt, kann grundsätzlich nicht falsch sein. Der Name macht auch kein großes Geheimnis, worum es geht: einen Laden, der Verkleidungen, Perücken, Accessoires, unter anderem für den Fasching, zur Verfügung stellt. Was die sonst unterm Jahr machen, weiß ich nicht. Halloween ist mittlerweile zwar so etwas wie der bessere Fasching geworden, aber sonst? Zu Halloween und im Fasching bilden sich hier auch gigantische Schlangen vor der Türe auf der Taborstraße. Wer im Fasching und/oder zu Halloween Kostüme einkauft, geht sicher auch am 24.12. auf die Mariahilfer Straße einkaufen und gehört sowieso teil- oder besser: ganz entmündigt. Immerhin handelt es sich um eine erkleckliche Menge Betroffener (siehe Schlange vor dem Geschäft).

Dabei kann man auch unterm Jahr so viel Freude mit Verkleidungen haben! Für eine Kindergeburtstagsparty habe ich zum Beispiel unlängst sämtlich Augenklappen, Piratenschwerter und Pistolen für Unter-6-Jährige aufgekauft, die lagernd waren. Zur Weihnachtszeit – also ab Oktober – sind die Auslagen mit einander an Originalität übertrumpfenden Weihnachtsmannkostümen voll. Violette Lockenperücken dürften bei Betriebsfeiern das ganze Jahr lang beliebt sein (wenn die Chefsekretärin einmal zeigen möchte, dass sie auch relativ locker sein kann und einen Prosecco trinkt). Herren ziehen in dieser Kategorie gleich, indem sie ihre Krawatte um den Kopf binden und sich eine Brille mit großer Nase (ebenfalls lagernd) aufsetzen. Oder zu Ostern: Hasenohren für die ganze Familie plus frivolem Hasenkostüm für die junge Schwester von Mama! Für Spaß und Heiterkeit ist also beim Faschingsprinzen rund ums Jahr gesorgt.

Außer bei den Mitarbeitern.

Selten habe ich eine so kompakte Ansammlung grantiger Menschen vorgefunden wie beim Prinz des Faschings. Per Dekret und gegen jedes Arbeitsrecht offensichtlich angewiesen, heiter zu wirken, tragen sie zwar etwas mehr Lidstrich als dringend notwendig, kleben sich Pumuckl-Tattoos auf den Unterarm oder binden sich lustige Krawatten um (zum Beispiel in Form einer Klaviatur oder mit Smileys drauf) – aber sie wirken sehr unzufrieden. Möglicher Grund dürfte der Chef sein, den ich auch einmal erleben durfte: ein durchgehend autoritärer Mensch von großer Unlockerheit. Vielleicht hat er das Geschäft von den Eltern geerbt und wollte eigentlich Karriere beim Opus Dei machen. Vielleicht hat er eine Zukunft als Steuerprüfer oder afrikanischer Diktator gesehen und wurde durch widrige Umstände gezwungen, Faschingsnasen nebst Konfetti und Dick-&-Doof-Masken zu vertreiben ... man weiß es nicht. Dass er diesen Laden aus Neigung führt, ist ähnlich naheliegend wie die unbefleckte Empfängnis Marias (es gibt sicher ein Kostüm dafür, fragen Sie nur danach).

Das Gute: Wir alle sind nur Kunden und arbeiten nicht dort.

Das noch Bessere: Es macht trotzdem Spaß, reinzugehen und sich zu überlegen, wie man sich diese Woche wieder vollkommen lächerlich macht.

SAVOIR VIVRE

Beaulieu

I., Herrengasse 14/ Ferstelpassage

Ich bin beileibe nicht nur Kämpfer für das bodenständige Wirtshaus der Arbeiterklasse, Fürsprecher
der Branntweiner in der Vorstadt und Verfechter
des Burenwürstel im Rapid-Wien-Vereinslokal –
nein, ich gebe es gerne auch etwas nobler: zum Beispiel im Beaulieu in der Ferstelpassage, laut Eigen-
definition ein „Bistro" bzw. eine „Épicerie Fine"
(was immer das heißen mag, ich hatte ein Nichtge-
nügend in Französisch, und das völlig zu Recht).
Ich versuche es in eigenen Worten: ein kleines, aber
feines Lokal in gediegener Innenstadtlage mit
augenscheinlich französischem Schwerpunkt und
integriertem Shop. Beides nicht zu Diskontpreisen,
aber dafür spart man sich den Flug nach Paris. Ich
mag generell Essen, das ich nicht kenne und das
vorzugsweise in Dosen verpackt ist. Ob das getrock-
nete Fische aus Thailand, Heuschrecken aus Indo-
nesien oder Schnecken aus Frankreich sind, ist mir
ziemlich egal, ich bin sehr neugierig. Von Wurst-
waren über Maronencreme bis eben hin zu den
zwingenden Escargots bekommt man hier (nona:
französische) Dinge, die man anderswo in Wien so
nicht bekommt. Baguette auch, aber das ist jetzt
nicht so extrem exotisch. Ich habe mich hier zu
einem Frühstück zu zweit niedergelassen und war

angenehm überrascht. Leberpastete ist sicher politisch nicht korrekt, schmeckt aber. Sekt am Vormittag mag dekadent sein, schmeckt aber auch. Dazu Marmeladen, Weißbrot und hintennach Makronen in vielen bunten Farben …, tadellos, da kann ich nichts sagen. Ich esse daheim auch stehend Dosenfleisch aus der Dose, trinke dazu Orangensaft aus der Packung und bin damit nicht minder zufrieden – aber zur Abwechslung kann so ein imaginärer Ausflug nach Montmartre schon einiges.

Rauchen darf man nicht, aber das ist eh ungesund. Auf der Speisekarte wird konsequent mit deutschen Übersetzungen der französischen Leckerlis gegeizt, man kann also nur raten, was man bestellt. Fragen ist feig, außerdem müsste man dann dem Personal gegenüber eingestehen, dass die Herrschaft am französischen Gutshof sprachlich unterlegen ist. Und welcher Landadelige will das schon? Ist ein bisschen wie mit Smartphones: Da kennen sich die meisten mit 90 Prozent der Funktionen nicht aus, aber erstens gibt man das nicht zu, und zweitens ist es immer fein, etwas zu haben, auf das andere neidisch sein könnten. Darum gibt man nicht zu, dass man die französische Speisekarte nicht versteht, sondern bestellt selbstbewusst drauf los. Klingt unlogisch? Finde ich nicht.

Man muss sich vielleicht die Businessleute und Touristen aus der Gegend wegdenken. Die Obdachlosen und Bettler sowieso, sonst kann man das

Gefühl, oben angekommen zu sein, wirklich nicht störungsfrei genießen.

Es ist manchmal ganz gut, wenn man sich das Hardcore-Innenstadt-Edelfeeling gibt. Der nächste Absacker um Mitternacht beim Kebab-Stand folgt sowieso.

HALBNACKTE MENSCHEN, HÄSSLICHER BETON UND POMMES FRITES

Gänsehäufel
XXII., Moissigasse 21

Man muss im Gänsehäufel gewesen sein! Völlig egal, ob man Freibäder im Allgemeinen hasst oder das Gänsehäufel im Speziellen hassen wird …, es ist einfach eine Erfahrung, die zum Leben gehört! Das fängt an beim Hardcore-Anstellen vor dem Eingang, weil an heißen Sommertagen natürlich andere Menschen auch auf die Idee kommen, dass es am Wasser jetzt besser wäre als im Büro. Das geht weiter über sagenhaft hässliche Betonbauten. Ich glaube, das sollen die Kabinen sein. Wenn jemand ein Mahnmal gegen die menschliche Kälte des realen Sozialismus bauen wollte, fände er hier Inspiration. Es wird schon alles ok, hygienisch und überhaupt sein. Aber vom Flair her halt mehr Bukarest 1966 als Florida 1999. Und dann die Menschen! Großartig! Pubertierende Burschen, die sich per Gewaltsprüngen ins Becken in Szene setzen, Möchtegern-Tussis, die so tun, als ignorierten sie das, Pensionisten, die darüber schimpfen, und dazwischen ein paar Bademeister, die daraufhin ihr Pfeiferl zücken. Ah ja, die vielen Imbissstandeln sind auch vom Feinsten. Da sieht man die schönsten Menschen von überhaupt. Vor allem die, mit dem gut ausgebauten Bauch, knappes Badehoserl drunter und das Kleingeld in der Hand. Packerl Marlboro in der Badehose hinten drin, roter Schädel, Oberlippenbart etc. …

Ich weiß, das klingt alles wie fürchterliche Klischees. Das sind auch Klischees, und ich finde es wunderschön, wenn man ab und zu erkennen kann, woher diese Klischees kommen. Es GIBT einfach wirklich solche Leute. Und das ist gut so. Sind mir tausendmal lieber als die Klugscheißer aus der Josefstadt, ich habe halt so selten mit ihnen zu tun. Vielleicht weil ich tief drinnen auch ein bisschen ein Josefstädter bin?

Jedenfalls zahlt es sich auch aus, linker Hand vom Eingang geradeaus zu marschieren. Da sind die Jahreskabinen und Kästchen-Pächter zu Hause. Eine Kabine ist ein besserer Schrank, wo man Sonnenliegen, Sonnencreme und derlei Tand zwischenlagern kann. Beim Vorbeigehen wurde ich schon des einen oder anderen Dopplers ansichtig, ansehnliche Kühltaschen und batteriebetriebene Fernseher waren auch dabei. Das Gänsehäufel bietet also einer Menge Menschen deutlich mehr, als ein reguläres Freibad das tun würde. Hier residiert man, das Gänschäufel ist eine Sommerfrische im klassischen Sinn. Man muss sich das so vorstellen: Das Gänsehäufel, also die Stadt Wien, ist der König. Der vergibt Lehen an den Adel, und der bewohnt und bewirtschaftet sein Lehen. So kommt es, dass Kabinen- und Jahreskästcheneigner schon von Weitem wie Adelige wirken, es in ihrem Selbstverständnis auch sind und ihrerseits ihre Gunst gegenüber treuen Untertanen so ausdrücken, dass sie diesen ab und an den Kabinenschlüssel überlassen (üblicherweise haben sie ja derer mindestens zwei). Wie auch immer: Man kann in jedem Fall gewöhnliche Tageskartenbesucher von den privilegierten höheren Kasten (in diesem Fall „Kästchen"– Wortspiel!) unterscheiden.

Vielleicht nicht ganz im sozialistischen Sinn, aber am Beispiel Gänsehäufel lässt sich das Lehenswesen und der Ständestaat bei Pommes und Weißem Spritzer gut nachleben.

DAS ZEUGHAUS

Caritas Mittersteig
V., Mittersteig 10

Die Caritas am Mittersteig heißt zwar – wie meine spontane Recherche ergeben hat – „Carla Mittersteig", aber ich kenne sie seit über 15 Jahren als „Caritas Mittersteig". Also nenne ich sie, wie es mir gerade passt, wenn Ihnen das recht ist. Im Prinzip handelt es sich um einen riesigen überdachten Flohmarkt, verteilt auf vier große Hallen – mit dem Unterschied, dass jeden Tag geöffnet ist. Ich habe hier von billigen Möbeln bis bizarren Kleidungsstücken schon so ziemlich alles gefunden. Menschen, die Dinge nicht mehr brauchen, bringen sie hierher oder lassen sie von Mitarbeitern abholen, und hier werden die gesammelten Schätze verkauft, allerdings nicht für die private Kasse, sondern einen guten Zweck. Ist ja schon mal nicht so schlecht. Wenn sich wieder mal herumspricht, dass Nierentische oder Ähnliches stark im Trend sind, werden sie hier schneller ausverkauft sein, als man „Trend" sagen kann. Ich finde aber ohnehin Möbel interessanter, die nicht hip sind. Außerdem sind die dann meistens deutlich billiger. Alte Comics oder Magazine, die seltsam riechen, altes Kinderspielzeug, das man niemals Kindern schenken würde (weil die's ja besser haben sollen, deswegen schleppt man sie zum Toys"R"Us), aber für einen selbst allemal gut genug ist (ich habe hier eine wunderbare Carrera-Autobahn gekauft, zweimal damit gespielt, und seitdem liegt sie am Dachboden), und das Beste: Die Halle ganz hinten mit der Bekleidung. Da finden sich nicht nur gebrauchte Fetzen, sondern auch ganze Lagerbestände, die wahrscheinlich irgendwann jemand vergessen hat oder die aufgrund ihrer speziellen Hässlichkeit nicht mehr an den Mann zu bringen waren. Ich habe hier zum Beispiel einen original-verpackten rosa-türkis-farbenen Trainingsanzug aus den 80er-Jahren erstanden, der mir und dem Publikum viel Freude auf Kabarettbühnen beschert hat. Wenn man so etwas im Faschingsgeschäft suchte, würde man es nicht finden, und wenn, sähe es nicht so authentisch aus wie von hier. NATO-Jacken, Retro-Shirts, der ganze Rambazamba ist sowieso vorhanden.

Ich mag die Ansammlung von relativ nutzlosem Zeug. Es ist ein bisschen wie ein Querschnitt durchs Leben, um hier auch mal den Philosophen raushängen zu lassen. Irgendwann war jeder dieser Gegenstände wichtig für jemanden, sonst hätte er oder sie nicht den vollen Neupreis dafür bezahlt. Dann war es ihm oder ihr entweder egal oder er oder sie ist gestorben, und seinen oder ihren Nachkommen war es egal, und so sind die Sachen hier gelandet. Nichts davon braucht man unbedingt, alles bekommt man anderswo neuer, besser, aber auch teurer. Aber es ist ein bisschen wie Schatzsuche:

Man zieht los, weiß nicht, was man findet, aber wenn man was findet, nimmt man es mit. Wertlose Münzen gräbt man ja auch nicht wieder ein, wenn man sie bei archäologischen Ausgrabungen einmal gefunden hat.

Ein großer Vorteil gegenüber einem konventionellen Flohmarkt ist außerdem, dass man sich auf die feilgebotenen Sofas „probesetzen" und entspannt einen Kaffee trinken kann. Weiters kann man mit dem Auto direkt in den Hof fahren und den ganzen Plunder direttissima in die Karre laden. Wenn man das aus religiösen oder anderen Gründen ablehnt: Die U4 ist in Gehweite. Und wer unbedingt will, kann sicher auch eine ganze Kücheneinrichtung mit dem Fahrrad nach Hause bringen.

HINTER SCHLOSS
UND RIEGEL

2294 Schloßhof

Schloss Hof ist zwar nicht direkt in Wien, sondern etwas außerhalb Richtung Osten – aber Schönbrunn war ja auch nicht immer innerhalb von Wien, sondern wurde erst im Laufe der Jahrhunderte vom Stadtwachstum eingeholt. Wenn wir also ein paar hundert Jahre warten, kann man vielleicht sogar mit der U-Bahn nach Schloss Hof fahren. Vorerst muss es das Auto tun.

Gleich mal vorweg: Es zahlt sich aus. Der gleiche Geschichts-Habsburger-Kaiser-/König-Glamour wie Schönbrunn, aber nicht so ... äh ... sagen wir „kommerziell". Weniger Touristen, authentischer. Nach dem Krieg hat die Rote Armee das Schloss benutzt und dafür gesorgt, dass es nicht zu gut erhalten wird, was auch ein bisschen zum Charme beiträgt. Später hat man es zwar im Rahmen des Möglichen restauriert, aber es ist nicht so ein Cinderella-Kitschschloss wie andere vergleichbare Anlagen, die dafür leichter mit dem Besichtigungsbus vom Hotel aus erreichbar sind. Wenn man sich für Pflanzen im Allgemeinen und Gärten interessiert: Dieser hier ist einer der wenigen im Originalzustand (ok, die Pflanzen sind nachgewachsen – aber Sie wissen schon, was ich meine). Sieben Terrassen, fast alle restauriert und hübsch anzusehen. Für Menschen mit Kindern, aber auch ohne solche sehr zu empfehlen sind die Meierei, Stallungen, Orangerie und eine Art Zoo, wo es alte Haustierrassen gibt. Das finde ich mindestens genauso interessant wie alte Rüstungen oder alte Kutschen: alte Tierrassen und alte Pflanzenarten (gibt es auch hier). Barocke Drechslerei, Töpferei, Korbflechterei, Gärtnerei und Schnapsbrennerei finde ich auch spannender als Wagenburg und Gloriette. Mir ist schon klar, dass die das nicht machen, weil sie Produktionsweisen des 18. Jahrhunderts für effizienter als moderne halten, sondern für Besucher – aber gefallen tut es mir. Im Lokal nebenan habe ich mit Nichte und Mutter ein Schnitzel gegessen, und das hat auch gutgetan.

Was ich sonst nicht tun würde, hier aber schon: Ich habe an einer Führung durchs Schloss teilgenommen. Zwei Dinge, die ich dabei gelernt und die ich mir gemerkt habe, haben diese Entscheidung rückblickend mehr als gerechtfertigt: Zur Zeit Maria Theresias und wahrscheinlich auch unter Prinz Eugen – der das Schloss zur jetzigen Form erweitern ließ (apropos, das habe ich auch gelernt: er blieb „aus Neigung" kinderlos) –, jedenfalls trugen die Menschen damals kleine Beutelchen mit Rinderblut unter der Kleidung, um Zecken und Läuse vom körpereigenen Gestank abzulenken. Quasi eine frühe Form des elektrischen Gelsensteckers. Vielleicht weiß das eh jeder, ich habe es nicht gewusst – zumindest nicht so plastisch daran gedacht – und war völlig begeistert von der Vorstellung, dass sich die reichsten Menschen der damaligen Zeit mit unvorstellbarem Luxus umgaben, aber es nicht für angebracht hielten, so etwas wie Körperhygiene zu betreiben. Die sind also mit Fächer herumgestanden, haben in einer krachende Mischung aus tiefstem Wienerisch (was sonst? Maria Theresia hat sicher nicht Hochdeutsch gesprochen) und Französisch (das war halt in, quasi das Englisch von früher) parliert, über Krieg und Frieden entschieden und dabei gestunken, dass die Hälfte reicht. Während Lakaien die Türen öffneten und man sich auf goldenen Tellern gefüllte Fasanen reichen ließ, musste man sich verrenken, weil Zecken und Läuse einen bissen, dass es nur so eine Freude war. Und deswegen die mit Tierblut gefüllten Beutel unterm Gewand. Ist doch genial, oder?

Das andere, das sich in meine Erinnerung eingebrannt hat, ist nicht ganz so weltbewegend, aber fast: Ich habe den Nachttopf von *„Maria Theresia von Gottes Gnaden Römische Kaiserin Wittib, Königin zu Hungarn, Böheim, Dalmatien, Croatien, Slavonien, Gallizien, Lodomerien, etc. etc., Erzherzogin zu Österreich, Herzogin zu Burgund, zu Steyer, zu Kärnten und zu Crain, Großfürstin zu Siebenbürgen, Marggräfin zu Mähren, Herzogin zu Braband, zu Limburg, zu Luxenburg und zu Geldern, zu Württemberg, zu Ober- und*

Nieder-Schlesien, zu Mailand, zu Mantua, zu Parma, zu Piacenza, zu Guastala, zu Auschwitz und Zator, Fürstin zu Schwaben, gefürstete Gräfin zu Habsburg, zu Flandern, zu Tirol, zu Hennegau, zu Kyburg, zu Görz und zu Gradisca, Marggräfin des Heiligen Römischen Reiches, zu Burgau, zu Ober- und Nieder-Lauß-nitz, Gräfin zu Namur, Frau auf der Windischen Mark und zu Mecheln, verwitwete Herzogin zu Lothringen und Baar, Großherzogin zu Toskana" gesehen. Wahrscheinlich war es ein Nachbau, aber das spielt jetzt wirklich keine Rolle. Die einst mächtigste Frau Europas hatte nicht so ein schönes Klo wie ich, und das hat mich sehr zufrieden gemacht.

KLEIN, DRECKIG
UND STOLZ DRAUF

Café Bendl (alias Bückedich)
I., Landesgerichtsstraße 6

Das Cafe Bendl ist schmuddelig, grauslich, ver-
raucht …, und ich liebe es. Ich war zwar nie gerne
Student, aber dem Vernehmen nach ist das Bendl
ein „typisches Studentenlokal". Sagen wir so: Ich
mag's gerne unprätentiös, günstig und sympathisch.
Wenn das die Definition von Studentenlokalen ist,
dann mag ich halt meinetwegen Studentenlokale.
Zumindest das Bendl.

Was super ist: Das Bendl hat bis in die Morgen-
stunden offen. Keine Ahnung bis wann, aber ich
kann mich nicht erinnern, jemals die Sperrstunde
erlebt zu haben. Entweder ich war schon so fett,
oder sie haben wirklich sehr lange offen. Es gibt
eine Musicbox mit ganz verheerender Musik. So
was mag ich auch. Wenn ich's gerne hip hätte,
würde ich in die Stadtbahnbögen oder so etwas
Ähnliches gehen. Europe's „Final Countdown"
oder irgendwelche Abba- und Stones-Klassiker passen hier aber auch viel besser. Angeblich gibt es eine
Speisekarte. Aber wer isst, wenn er nach Herzens-
lust rauchen und trinken kann? Vielleicht einen
Käse-Schinken-Toast als Unterlage. Eventuell sogar
mit Ketchup, wenn man's wirklich krachen lassen
will. Aber sonst …? Aja, eine wunderschöne Espres-

somaschine haben sie auch hier. Bin zwar kein Espressotrinker, aber ich mag das Aussehen von solchen Geräten. Und – was jedes gute Lokal oder zumindest Café haben sollte: eine gute Schicht von Musik-, Veranstaltungs- und Weiß-nicht-was-Plakaten an den Wänden. Im Bendl schätze ich die Dicke der übereinander geklebten Plakate auf zirka 25 Zentimeter. Zusammengehalten von altem Kleister und Zigarettenrauch. Vor solchen Lokalen habe ich nur Angst, sie einmal untertags und komplett nüchtern betreten zu müssen. Kalter Rauch riecht nämlich ekelhaft – außer man unterfüttert ihn mit einem kleinen Rausch und einem gehörigen Lärmpegel. Und neuem, warmem Rauch – dann wirkt das Ganze gemütlich.

Was nicht so super ist – oder vielleicht ist gerade das super: Ins Bendl kommen aufgrund seiner zentralen Lage zwischen Rathaus, Parlament und Kabarett Niedermair neben Studenten auch – sagen wir mal – „interessante" Menschen. Kabarettisten nach der Probe, vor dem Auftritt und nach dem Auftritt, das ist mal klar (so habe ich das Bendl kennengelernt). Politiker aus Rathaus und Parlament – das ist schon interessanter. Vor allem wenn sie ein wenig getrunken haben und deutlich an antrainierter Formalität verlieren und sich auf Diskussionen mit nicht minder angetrunkenen Gästen einlassen. Das gefällt mir immer sehr gut. Wenn sich zum Beispiel „linke" Studenten mit „rechten" Politikern verbrüdern, weil das Bier halt gerade so gut schmeckt. Oder wenn sich „linke" Politiker als privat doch auch rechts angehaucht outen, weil's eh wurscht ist. Während der Ballsaison habe ich auch immer wieder Ballgäste im Bendl getroffen, die sich vor dem Ball anscheinend Mut antrinken (Bälle sind nichts, das man freiwillig, einfach so und ohne Betäubung auf sich nehmen sollte) oder sich nach dem Ball von den erlittenen Erfahrungen erholen. Das betrifft den Opernball genauso wie den Burschenschafterball in der Hofburg. In beiden Fällen habe ich sowohl Ballgäste als auch Gegendemonstranten am gleichen Abend im Bendl gesehen. Und nein, es kam zu keinen Handgreiflichkeiten. Das Bendl ist quasi eine Art Leo-Zone.

Man muss aber aufpassen, dass man sich beim Reingehen nicht den Schädel anhaut. Es handelt sich nämlich um ein Kellerlokal mit ziemlich eng bemessenem Spielraum zur Decke im Eingangsbereich.

SCHNÖSEL UND ANDERES GEMÜSE
Naschmarkt VI., Wienzeile

Irgendwann – ich erinnere mich an die 80er- und 90er-Jahre – war der Naschmarkt das, was man unter einem „Markt" zu verstehen glaubt. Also: Obst, Gemüse, Fleisch, Fisch, Gewürze, Fetzen, was weiß man und zu unterschiedlichen Preisen, die man sich mühsam erfragen muss oder wo man halt ordentlich draufzahlt. Seit geraumer Zeit gibt es: Obst und Gemüse. Und Obst und Gemüse. Teilweise Obst und Gemüse. Die Preise sind auf Punkt und Komma genormt, da ist keiner billiger oder teurer als ein anderer, dafür ist morgenländisches Flair eingetreten, und man glaubt unbewusst, dass man verhandeln sollte oder könnte. Lächerlich.

Zwischen Obst und Gemüse sind ein paar andere Geschäfte auf den Plan getreten, die zum Beispiel chinesische Glasnudeln verkaufen – eh super, aber teurer als beim Asia-Markt ums Eck. Weil warum: Der Naschmarkt dient als Vorhof zu einem der hippsten Bezirke Wiens. Wer entlang der Mariahilfer Straße wohnt, fühlt sich urban, aber doch der Multikultur verpflichtet. Wenn man seine Bananen also beim Türken am Naschmarkt statt beim Billa in der Gasse kauft, fühlt man sich folgerichtig sehr nachhaltig und multikulturell bereichert. Dass der Türke am Naschmarkt die Bananen vom selben

Großhändler bezieht wie besagter Billa, kann sein, aber man will es nicht so genau wissen. Man weiß aber: Der Billa baut keine Bananen im Garten der Oma an – der Türke am Naschmarkt wahrscheinlich schon (Eigentlich unwahrscheinlich, aber gut für das Selbstverständnis der Kunden.)

Wenn man jetzt noch mit dem Taxi von der Mariahilfer Straße zum Naschmarkt runterfährt und das Glück hat, einen iranischen Fahrer zu haben, kann man unter Einbeziehung der polnischen Putzfrau und des kanadischen Kindermädchens vollkommen zurecht davon ausgehen, ausländerfeindlichen Proleten aus dem zehnten Bezirk moralisch überlegen zu sein.

Wenn es nicht um Einkäufe geht, sondern um chilliges Abhängen in einem der vielen Humus reichenden Lokale am Naschmarkt, fährt man gerne mit dem Fahrrad hundert Meter bergab und schließt daraus, dass das gefälligst alle Wiener machen sollten. (Nicht ins gleiche Lokal rollen – das wäre zu kommerziell –, aber vom elften Bezirk nach Liesing mit dem Fahrrad muss für aufgeschlossene Bürger ohne Bildungsdefizit und Verhetzungsschaden wohl drinnen sein.)

Weil ich gerade die Lokale am und im Naschmarkt angesprochen habe: Natürlich ist es wunderbar, Geschäftstermine und Mittagspausen in Bazar-Ambiente bei ostdeutscher Bedienung zu zelebrieren. Vereinzelt soll es sogar WLAN geben, das freut das iPhone. Und für einen „zarten Dialog von israelischen Falafel an türkischem Kebab und polnischer Borschtsch mit Begleitung von Holunderbrause an Minze oder Seidl aus Privatbrauerei" nimmt man gerne überirdische Wartezeiten in Kauf. Toiletten soll es geben, man weiß aber nicht, wo. Wenn es kalt wird, kann man draußen unter Heizschwammerln sitzen. Dass die eine Energieverschwendung der Sonderklasse sind, stört nicht weiter – wenn man daruntersitzt, kann man problemlos kommunizieren, dass man auf Facebook eine Greenpeace-Seite geliked hat. Wenn man Glück hat und einen Platz findet, ist alleine das Sitzen am Naschmarkt angenehm, gebe ich zu. Das Ambiente ist ja wirklich nett. Essen und Trinken auch, irgendwie. Aber die ganzen Vollkoffer, die eigentlich lieber in Berlin/Kreuzberg wären … ich weiß nicht.

HARTES BROT

Bäckerei Mann

II., Praterstraße 52

Ich kann nicht garantieren, dass das bei jedem funktioniert − aber ich bin begeistert. Gehen Sie zur Mann-Bäckerei gleich bei der U1-Station Nestroyplatz (vorzugsweise am Sonntag Vormittag), und kaufen Sie irgendetwas. Salzstangerln, Semmeln, völlig egal was …, wichtig ist nur, dass Sie von der Filialleiterin persönlich bedient werden. Diese Frau ist ne Wucht, wie man sagt. Sie lässt weder in Wort noch in Gehabe irgendeinen Zweifel an der Tatsache, dass Sie ein enormer Störfaktor sind. Sie (die Filialleiterin) könnte sehr friedlich und auch korrekt ihre kleine Bäckereifiliale führen, wenn da nicht diese schrecklichen Kunden wären, die dauernd etwas von ihr wollen.

Also: erst mal warten. (Ganz egal, ob andere Kunden vor einem dran sind oder nicht. Wenn man die einzige Person vor dem Tresen ist, dann hat die Chefin plötzlich sehr viel zu tun, ordnet Kolatschen, zählt Wechselgeld oder muss gerade scharf nachdenken.) Das dient dem Zweck, das richtige Machtverhältnis im Laden zu etablieren. Keiner soll glauben, er sei hier König, bloß weil er Kunde ist!

Dann: Ein seufzend gelangweiltes „Bitte" entweicht ihr. Jetzt bloß nicht den Fehler machen und gleich aufzählen, was man gerne hätte. Der Amateur (der auch ich lange war) versteht unter „bitte" die Aufforderung, loszulegen („2 Semmerln, ein Mohnweckerl etc."). Das ist aber falsch.

Die gestrenge Chefin sagt nämlich „bitte", meint damit aber: „In zirka ein bis drei Minuten bin ich gewillt, mir Ihren Sermon anzuhören." Wenn man hier zu früh zu plaudern beginnt, verhallen die Worte ungehört in den Tiefen der Backstube. Erst wenn auf das „Bitte" nach gehörigem zeitlichem Respektabstand ein entsprechender Blick und/oder ein „Also?" folgt, darf man das Wort an die Herrin der Wecken richten.

„Also, ich hätte gerne zwei Semmerln, ein Mohnweckerl und ein Salzstangerl."

– „Eine Semmel und was?"

„Zwei Semmeln, bitte. Und ein Mohnweckerl und ein Salzstangerl."

– „Doch zwa Semmerln? Warum sagen S' des net gleich?" (Dramatisches Geseufze, sie muss sich tatsächlich noch einmal zum Regal drehen.)

„Und ein Mohnweckerl …"

– „Mohnweckerln hab ich nicht." (Da liebe ich das „… hab ICH nicht", wie wenn das ihr eigener und ganz persönlicher Backkonzern wäre, wunderbar!)

„Na gut, dann halt zwei Salzstangerln, bitte."

– „I hab glaubt, a Mohnweckerl und a Salzstangerl?"

„Ja eh, aber Mohnweckerl ist ja aus, haben Sie gesagt."

– „Owa Salzstangerln hätt i."

„Super, dann nehm ich zwei davon bitte." (Wieder großes Seufzen.)

– „Drei sechzig."

(Ich reiche ihr einen Fünf-Euro-Schein, erwarte, dass sie mir auf vier herausgibt. Sie aber nimmt den Schein und fängt an, mit einer Kollegin zu plaudern. Das kann jetzt auch eine Weile dauern. Irgendwann wendet sie sich wieder gnadenhalber an mich.)

„Kann ich bitte ein Sackerl haben?"

– „Und des kemma net glei song?"

„Tschuldigung."

Sehr gedemütigt, aber auch schuldbewusst schleiche ich mich aus dem Geschäft auf die Straße. Es ist wie eine masochistische Sucht. Ich werde wiederkommen. Und Sie sollten es unbedingt auch probieren.

LAST EXIT VIENNA

Media Quarter Marx
III., Maria-Jacobi-Gasse 1

Das Media Quarter Sankt Marx ist auch eine Reise wert. Öffentlich kaum zu erreichen, aber von der Stadt Wien wie wild als Standort für Medien und andere Hochstapler propagiert (da rückt die Ein-Fahrrad-pro-Person-Politik erstaunlich bescheiden in den Hintergrund). Ein ehemaliger Schlachthof – da sind Fernsehen, Werbung & Co. nicht die unpassendsten Nachmieter.

Es gibt hier viel Platz. Den Platz wollte jahrzehntelang niemand haben. Also siedelte man Betriebe hin, die nicht zwingend im Leben, am Geschehen, geschweige denn im Zentrum der Stadt sein müssten: Fernsehsender, Verlage, Werbeagenturen, Social-Media-Betriebe etc. … Macht keinen Sinn so weit. (Man könnte ja auch einen U-Boothafen am Stephansplatz oder eine Fleischtheke beim Verein der Veganer eröffnen, also warum nicht?)

Weil man aber mit öffentlichen Verkehrsmitteln nicht wirklich userfreundlich hinkommt, erlaubt man die Einfahrt per Auto nur Jahreskartenbesitzern. Das macht noch weniger Sinn, aber Umsatz.

Anscheinend sind die Mietpreise aber so leistbar, dass die Medienbetriebe wie Schafe hinziehen und sich auf zu erzielende und oft beworbene „Synergieeffekte" freuen. Louis XIV. hatte mit Versailles einen ähnlichen Plan: alle Adligen in Frankreich an einem Platz zu versammeln, um ihnen das Gefühl zu geben, sie seien im Epizentrum der Macht – aber in Wahrheit nichts anderes zu bezwecken, als sie alle miteinander zusammenzupferchen und somit leichter kontrollieren zu können. Mein Gott, wenn es ihnen gefällt, mich stört es nicht.

Ein paar alte Gebäude gibt es noch, zum Beispiel das, wo das einzige Restaurant – die Restauration – Speis und Trank bietet. Das gehört natürlich einer ehemaligen TV-Moderatorin, Ex-Politikerin und Produzentengattin (das ist eine Person, nicht drei) und hat in puncto Verpflegung der Medienarbeiter ein Monopol wie einst die Niederländische West-indien-Kompanie. Eh Zufall, aber neidisch wird man ja wohl noch sein dürfen.

Wenn man also im Brennpunkt des österreichi-schen Medienwesens gerne mal einen Kaffee trin-ken möchte und eine 90-prozentige Garantie auf Promisichtung erwünscht ist, sollte man den Weg nach Sankt Marx auf sich nehmen. Ist auch wirklich nett zum Draußensitzen in der Restauration. Drin-nen auch. Die Chance, in einer Kochsendung oder einer Society-Umfrage im Fernsehen vorzukom-men, erhöht sich dadurch auch.

Was angenehm ist: Wenn man mit dem Auto reinfährt, hat man viel Platz in Sankt Marx. Ich weiß schon – man darf das nur mit Jahreskarte. Aber erstens reicht Parkschein ausfüllen, und solange man dort nicht fix arbeitet und nur auf Besuch kommt, ist das egal. Weil eben zwischen den ehemaligen Rinderhallen und aktuellen Menschenbüros so viel Platz ist, lässt es sich formidabel mit dem Boliden herumcruisen. Nach dem Einparken kann man den vielen Platz dazu nutzen, in der Gegend herumzuspazieren, sich vorzustellen, wie hier Abertausende Rinder kochtopfgerecht hergerichtet wurden, betrachten, wo heute Medienkonsumenten wie Rinder behandelt werden. Wie gesagt: Platz genug ist da, und die paar alten Hallen sind wirklich schön.

HINRICHTUNGEN
EN DETAIL UND EN GROS
I., Am Hof

Ich habe es ja nicht so extrem mit historischen Plätzen des touristischen Wertes wegen. Aber „Am Hof" ist nicht nur wegen des Tages der offenen Türe der Feuerwehr im September ein Heuler (da kann man auf Feuerwehrautos klettern, wenn man glaubhaft versichern kann, ein Kind zu sein). Ich finde den Platz auch so schlicht und ergreifend schön, es gibt eine Menge Lokale – ok schon eher die Innenstadtabteilung und auf nobel, aber das ist manchmal auch ok. Aber: Der Platz am Hof war schon zur Römerzeit Teil des Heerlagers Vindobona. Das muss man sich einmal vorstellen: römische Soldaten mit Helm, Rüstung und Speer – genau, wie man sie von Asterix kennt – mitten in Wien!

Es wird aber noch besser: Der berühmte Kaiser Barbarossa hat hier Station gemacht, als er auf dem Weg zum dritten Kreuzzug war. Das war damals eine eher lange und beschwerliche Reise. Und hier hat er Halt gemacht. Quasi die Rosenberger-Raststätte der Mittelalterszene. Hier gibt es also Römer UND Kreuzritter!

1782 hat hier Papst Pius VI. den Ostersegen Urbi et Orbi verlautbart. Das war also quasi das Epizentrum der katholischen Welt. Alle Welt hat auf den Platz am Hof geblickt. Sinnbildlich gesprochen.

1806 wurde hier das Ende des Heiligen Römischen Reiches verkündet. Nach fast einem halben Jahrtausend war somit Schluss mit Wien als Residenzstadt des römischen Reiches deutscher Nation, und die Habsburger waren nicht mehr die Chefs von Norddeutschen.

Hier war der ursprüngliche Wiener Flohmarkt, bevor er 1977 auf den Naschmarkt übersiedelt wurde. Ich glaube nicht, dass das viele wissen. Ich bin mit der Überzeugung aufgewachsen, dass der Flohmarkt immer am Naschmarkt war und dass es keinen anderen jemals gegeben haben kann. Anscheinend habe ich mich geirrt.

Hier steht die Litfaßsäule, durch die man im „Dritten Mann" in die Wiener Unterwelt kommt. Das ist vielleicht nicht so wichtig, aber viele Wiener sind stolz auf diesen Film, weil Wien darin so prominent vorkommt. Mir ist der Film ziemlich egal, aber wenn Sie sich für Filmklassiker interessieren, die in Wien spielen: bitte sehr.

Und: Der Platz am Hof war früher eine von mehreren Hinrichtungsstätten in Wien! Spezialisiert auf Vierteilen. Im 15. Jahrhundert hat man alle vier Teile des damaligen Bürgermeisters hier des Amtes enthoben. Genau hier, wo Autos parken, Touristen herumspazieren und in die Kameras grinsen, war das Kolosseum von Wien (nicht ganz, eher eines von mehreren, aber Leute abgeschlachtet hat man hier). Heftig, oder? Die Vorstellung, dass hier tausende Menschen zugesehen haben, wie jemand öffentlich hingerichtet wurde, ist makaber, aber faszinierend. Seit ich das weiß, kann ich nicht über den Platz gehen, ohne daran zu denken.

Ich fasse zusammen: römische Soldaten, Kreuzritter, der Papst, Flohmarkt, Kinoklassiker, Blood-&-Gore-Grusel ..., eigentlich sollten amerikanische Touristen hierherkommen, nicht nach Versailles. Hier bekommt man in komprimierter Form alles, was die Klischees vom alten Europa erfüllt. Man sieht es vielleicht nicht auf den ersten Blick, aber wenn man es weiß, kann man es sich ja vorstellen. Und damit man es weiß, habe ich es jetzt aufgeschrieben.

WATERWORLD

II., Am Tabor

Apropos: Wenn ich jetzt ein bisschen Gusto auf Hinrichtungen gemacht habe – da gibt es noch mehr in Wien. Ist vielleicht touristisch nicht ganz so verwertbar wie Sisi-Bilder, aber sicher nicht uninteressanter. Am heutigen Gaußplatz (Alter Tabor) fahren nicht nur gerne sadistische Fahrprüfer vorbei, weil der Gaußplatz Straßenbahnschienen, Vorrang-/Nachrangschilder und Kreisverkehr in einem vereinigt und nicht nur unerfahrene Prüflinge in den Wahnsinn treibt. Der Platz hat aber auch aus gutem anderen Grund ein schlechtes Karma: Hier wurden im Mittelalter Hinrichtungen durch Ertränken durchgeführt, und zwar hauptsächlich bei weiblichen Verurteilten. Offensichtlich muss es hier also einmal Wasser gegeben haben – wahrscheinlich ein Donauarm. Irgendwo in der Nähe gibt es heute ein Angelgeschäft, fällt mir bei der Gelegenheit ein. Trotzdem kein schöner Gedanke insgesamt, aber man kann sich nicht nur Museen und Kaffeehäuser ansehen.

Man hat es von hier nicht weit zum Augarten, und zum Wallensteinplatz ist es auch ein Katzensprung. Da gibt es zum einen das Vindobona, wo Kabarett geboten wird (wie gut oder schlecht, weiß ich nicht, aber es ist jedenfalls vorhanden), und zum anderen das Shelter, ein richtig schön versifftes

Kellerlokal, wo es bisweilen laute Livemusik gibt. Das mag ich.

Was ich nicht mag: Autofahren in dieser Gegend. Das mag ich grundsätzlich nicht besonders, noch weniger in der Stadt und besonders hier nicht. Der Kreisverkehr ist ja nicht so schlimm, aber alle Straßen führen nach Klosterneuburg. Wenn man zurück in den zweiten Bezirk will, muss man unglaubliche Umwege fahren. Kein Riesenproblem, aber diejenigen, die es betrifft, sollten es wissen. Außerdem weiß man am Wallensteinplatz nie genau, wo die Straße aufhört und wo der Gehsteig anfängt. Wieder so ein stadtplanerisches Meisterstück, wo jemand nicht glauben wollte, dass manche Dinge Sinn machen, auch wenn sie althergebracht sind. (Zum Beispiel dass die meisten bei Grün über die Ampel gehen und nicht bei Rot. Dass es Gehsteig heißt und nicht Fahrradsteig oder dass eben ein Gehsteig keine Straße ist und auch nicht umgekehrt.)

Ich mag aber auch die leicht trashige Atmosphäre in dieser Gegend. Viele Callshops, Handyläden und Geschäfte, bei denen man nicht weiß, wofür genau sie da sind – aber auch richtige Wirtshäuser und Branntweiner. Findet man auch nicht mehr oft.

FEUER UND FLAMME

III., Weißgerberlände

Wenn wir schon dabei sind: In Wien wurde nicht nur ertränkt, sondern auch verbrannt. Gehört ja irgendwie zusammen. Verbrannt hat man Menschen, wenn man der Meinung war, sie nicht resozialisieren zu können, auf der Weißgerberlände alias Gänseweide. Meine wissenschaftlich nicht fundierte, aber naheliegende Vermutung ist, dass man Verbrennungen dort durchgeführt hat, weil es aufgrund der ansässigen Gerber sowieso schon nach Pest und Cholera gestunken hat. Wer sich für Hexenverbrennungen interessiert: Die einzige in der Geschichte Wiens fand hier statt. (Mir fällt auf, dass das Urania-Puppentheater in Rufweite steht. Wenn dort Kasperl mit Hexe Kniesebein streitet, ist ihr bewusst, dass sie mit dem Feuer spielt?) Außerdem wurde hier unter anderem ein Schneider mitsamt seinem Pferd (!) verbrannt.

In der Hetzgasse 2 war ein dreistöckiges Hetztheater, wo man Wildschweine, Löwen, Bären, Tiger, Wölfe von Hunden und Menschen zu Tode hetzen ließ. Der Wiener Ausdruck für „das ist lustig" „des is a Hetz" – kommt eben da her. Auch nicht schlecht.

In der Gegenwart angekommen, ist die Weißgerberlände ein formidabler Ort zum Spazierengehen. Wiese, Bäume, Bänke zum Hinsetzen für ältere Leute wie mich … und das alles direkt am Donaukanal. Und: praktisch unter Ausschluss der Öffentlichkeit. Ich habe dort noch kaum Menschen gesehen. Es klingt wie ein Scherz, aber anscheinend gehen die meisten lieber in Hermanns Strandbar oder in ihre kleineren Pendants am anderen Ufer. Aber hierher verirrt sich kaum jemand. Gut, Gastro & Co. ist hier nicht. Na und? Eine Dose Bier und ein Packerl Zigaretten wird ja wohl jeder selber einstecken können, und dafür hat man hier – abgesehen vom sehr engagierten Verkehrslärm – eine himmlische Ruhe. Keine wahnsinnigen Poser, keine Lokale, die so tun, als ob sie in Tel Aviv wären, keine verhaltensauffälligen DJs … Pflanzen, Wasser … wunderbar. Wenn ich im dritten Bezirk zu tun habe, schaue ich immer, dass ich meine Route so wähle, dass ich zumindest ein paar hundert Meter unten am Kanal gehen kann. Weil es einfach schöner ist als oben.

PS: Wer sich gerne noch ein bisschen anspeiben möchte: Hängen, Rädern, Köpfen … kann man alles atmosphärisch am Lobkowitzplatz, am Schlickplatz und am Wienerberg nachempfinden.

Und wem das alles nicht reicht: In der Landesgerichtsstraße 9A haben ab 1876 Kaiser, Dollfuß und Nationalsozialisten Menschen abmurksen lassen. Hier gibt es wenigstens eine Gedenkstätte, die man nach Anmeldung sogar besichtigen darf.

WENN DAS DER ADMIRAL WÜSSTE

II., Praterstern

Wenn man am Sonntag in Wien Lebensmittel ein-
kaufen möchte oder muss, hat man zwei Möglichkeiten: lieber doch nicht einkaufen. Oder: am
Bahnhof einkaufen. Zum Beispiel beim Billa am
Praterstern. Man kann das auch machen, weil man
masochistisch veranlagt ist und stampede-artige
Menschenaufläufe gerne hat. Kurz: Es ist ein Wahnsinn. Ich leide lieber Hunger und trinke meinen
Kaffee schwarz, als am Sonntag dort hinzugehen.
Lauter Geistesgestörte kurz vor der Massenpanik
mit Suppengrün und Milch in der Hand. Der
Praterstern bietet aber auch unter der Woche einiges Sehenswertes. Zum Beispiel ein Fallbeispiel für
sagenhaft missglückte Architektur. Dieses
Blechmonstrum, das sie da vor ein paar Jahren hin-
gestellt haben und „Bahnhof" nennen, mag zwar
neuer sein als das, was vorher dort stand – der Auf-
enthalt für Menschen und Menschenartige wird
dadurch aber nicht angenehmer. Das sehen sogar
die Junkies so und quartieren sich seit geraumer
Zeit lieber in Hausfluren von Mietshäusern in der
Umgebung ein, als – wie es sich klassisch gehört –
ihrer Tätigkeit am Bahnhof nachzugehen. Einen
bizarren Kontrast bieten – ich nehme mal an –
Obdachlose, Beschäftigungslose und/oder Junkies,

die sich am Tegethoff-Denkmal versammeln. Impe-
rialer Marinestolz und traurige Wahrheit, vereint in
steinerner Pracht. Verstört mich immer wieder.

Auf der Hinterseite vom Praterstern (also die, die
zum Prater zeigt), gibt es ein paar durchaus „interessante" Lokale. Also solche, wo man schon zwei-,
dreimal durchatmen muss, bevor man sich rein-
traut. Aber genau das macht sie ja interessant: Leute,
denen man so im Alltag nicht begegnet, Alltagsge-
schichten ohne zynische Kamerabegleitung und
Gastronomie, aufs Nötigste beschränkt (Bier, Spritzer, Küche? – Tiefkühlpizza und Toast). Alleine
würde ich dort nie hingehen. Aber mit ein paar
aufgeschlossenen Freunden, die das nicht als
menschlichen Zoo, sondern mit ehrlichem und lie-
bevollem Interesse verfolgen, habe ich schon einige
erinnerungswerte Stunden dort verbracht. Wenn
ich die Wahl hätte: lieber drei Stunden in so einem
Bahnhofslokal als drei Minuten im Sacher (nichts
gegen das Café Sacher, aber das kann ich erst richtig
genießen, wenn ich im Lotto gewonnen habe und
komplett abgehoben bin).

Das übliche Potpourri aus Drogeriemarkt, Trafik
und Fast-Food-Ketten rundet das Bild am Praterstern
ab. Ach ja, und Schnellbahnen fahren auch ein und
aus, das ist aber normal für einen Bahnhof. Außerdem mag ich die Nähe zur Kaiserwiese und zum Planetarium. Auf der Wiese kann man sich hinlegen
und aufs Riesenrad schauen bzw. Praterbesucher

beobachten (ich habe zum Beispiel an der Kreuzung Timothy Dalton gesehen, als er in Wien James Bond drehte, und war erstaunt, wie groß er ist). Beim Planetarium gibt es einen Brunnen mit Bänken drumherum. Sehr angenehm zum Chillen, und man ist gleich bei der Prater Hauptallee. Außerdem steht da ein überdimensionaler Globus, den man so nett drehen kann. Hat auch was. Das Fluc steht auch am Praterstern, keine Ahnung, ob das noch „hip" ist. Ich habe selbst schon ein paar Mal dort gespielt – also ist es wahrscheinlich nicht mehr hip. Es ist schmutzig, die WC-Anlagen sind ein Hohn, und um Getränke an der Bar muss man betteln. Aber wahrscheinlich wäre es zu einfach, wenn das anders wäre, und das kommt beim Zielpublikum an. Für 20- bis 30-Jährige auf der Balz sicher kein schlechter Hotspot. Und gut erreichbar ist es auch (wie gesagt: Schnellbahn, U-Bahn etc. …, alles da). Was ich am Praterstern noch spitze finde: die Polizeistation. Hier muss man hin, wenn man einen Meldezettel für den zweiten Bezirk will. Die Beamten sind gewohnt, mit Drogendelikten und Körperverletzungen umzugehen, weil eben in Bahnhofsnähe. Also sind sie völlig überfordert, wenn jemand mit so etwas Banalem wie einem Meldezettel daherkommt. Ich habe das Prozedere vor Jahren sehr genossen, möchte aber nicht empfehlen, sich ausschließlich für dieses tolle Erlebnis authentisch wienerischen Beamtentums extra in Wien 1020 hauptmelden zu lassen.

IT'S HIP
TO BE SQUARE
Museumsquartier
VII., Museumsplatz 1

Zum einen: Ich halte „Bobos" für lächerlich, zeit-geistige Klugscheißer, Möchtegerns etc. …

Zum anderen: Ich bin ziemlich exakt das, was man unter „Bobo" versteht.

Nämlich: „Bourgeouis-Bohémien" – also ange-passt unangepasst –, Vollwertkost aus dem Bioladen mampfend, sich über die Ungerechtigkeit in Tibet empörend, aber das neueste iPhone, made in China, nutzend. CO_2-Werte anprangernd, aber Zitronen-gras dem Huflattich vorziehen, sich wahnsinnig individuell fühlend, aber mit Viennale-Tasche rum-laufen. Vor lauter alternativer Protesthaltung nicht wahrhaben wollen, dass genau diese Haltung in den Medien schon längst Mainstream ist. Also irgendwo zwischen Salonkommunist und Tanzschulpunk.

Das Museumsquartier jedenfalls ist die offizielle Heimstätte der Wiener Bobos. Das, was die Carnaby Street früher für Mods war. (Touristen haben vier-zig Jahre gebraucht, um zu bemerken, dass das ein Klischee ist, und irgendwann wird man das mit den Bobos und dem Museumsquartier auch so sehen.)

Egal: Ganz objektiv betrachtet ist es im Muse-umsquartier sehr gemütlich. Vor allem im Sommer kann man auf Liegen abhängen, Bier trinken, rauchen, dösen – also genau das Gleiche, was man in jedem x-beliebigen Park oder im Prater auch machen könnte –, aber hier hat man das Gefühl, nichts zu versäumen, weil man sich im Epizentrum der Coolness wähnt. Das möchte ich keinesfalls klein reden, denn – wie gesagt – ich tue es selbst. Wer heutzutage noch öffentliches WLAN braucht, verstehe ich nicht ganz. 3G, LTE, wie sie alle heißen …, jedes Deppentelefon, jedes Diskontertablet kommt auch so ins Internet. Aber es ist wahrscheinlich beruhigend zu wissen, dass man gratis Internetzugang hätte, wenn man wollte. Bzw. dass man sich 10 bis 20 Cent Downloadvolumen sparen könnte, hätte man nicht sowieso einen Flatrate-Tarif. Ist ein bisschen so wie Punkte-Sammeln beim Billa. Da bekommt man subjektiv das Gefühl, sich enorm was gespart zu haben, wenn man nach zig Einkäufen endlich mal einmalig 10 Prozent Minus bekommt, der Hausverstand sagt, dass das Unfug ist, aber man macht es trotzdem. So ist das mit dem öffentlichen WLAN. Was ich nicht verstehe: Warum gibt es im Museumsquartier keinen Zigarettenautomaten? Zumindest finde ich nie einen. Da muss man extra ums Eck auf die Mariahilfer Straße gehen, wo es eine Trafik gibt. Wahrscheinlich weil sich bei den zuständigen Planern der Gedanke durchgesetzt hat, dass Rauchen ungesund und voll nicht mehr up to date ist. Deshalb haben sie auch bei den Liegen keine Aschenbecher aufgestellt. Das ist – wie in solchen Kreisen üblich – gut gemeint, aber völlig an der Realität vorbei. Die Menschen rauchen nämlich nicht weniger, bloß weil ein paar Möchtegern-Vordenker das nicht so spitze finden. Die Menschen gehen eben auf die Mariahilfer Straße Tschik holen und dämpfen sie dann im Museumsquartier am Boden aus. (Menschen fahren auch nicht weniger Auto, bloß weil Parkplätze weniger und teurer werden, sie suchen einfach länger Parkplätze.)

Gut: die „Kantine" im Museumsquartier. Freundliche Menschen, gutes Essen, für MQ-Verhältnisse fast bürgerlich. Links neben dem Haupteingang vom MQ ist ein Lokal, das per se nicht so super ist, aber im Sommer kann man gut Getränke holen. In der Halle gibt es einen ordentlichen Raucherbereich und sehr nette Kellner. Essen auch lecker. Aber schon deutlich boboesquer. Gut versteckt liegt das Corbaci. Hier kann man sich viele bunte Fliesen an der Decke ansehen, und wenn man damit fertig ist, erstaunlich gut und günstig essen. Das Leopold am anderen Ende des MQ kenne ich nur von Firmen- und Weihnachtsfeiern. Vielleicht ist es auch in Ordnung, aber ich bin nun mal schon so geprägt von diesen verheerenden Firmenevents, dass ich nicht mehr unvoreingenommen ins Leopold gehen kann. Bitte vielmals um Verzeihung.

PS: Auf eine facebook-Umfrage meinerseits wurde Folgendes gepostet: *„museumsquartier! haben mir sogar thees uhlmann, irvine welsh und sven regener bestätigt. also, dass die den ort da lieben."*

Na gut, wenn das sogar die Szene-Promis sagen …

DAS LEBEN IST SCHÖN

La Vita è Bella
V., Pilgramgasse 14–16

Ein Italiener, der tatsächlich von einem Italiener geführt wird. Nicht unoriginell. Marco hat sogar einen italienischen Akzent, das finde ich romantisch. Die Gegend im vierten und fünften Bezirk ist gepflastert mit Lokalen. Ich schätze, dass auf jeden Einwohner ein Lokal kommt. Wenn man bei der U4-Station Pilgramgasse aussteigt, ist man innerhalb von fünf Minuten beim Schwarzen Adler (pipifeines Essen, wienerisch – aber mehr auf nobel-leiwand), dann geht man beim „La Vita è Bella" vorbei, und schon ist man am Margaretenplatz. Da gibt es das Schlossquadrat, das ohnehin aus vier Lokalen besteht, und ein paar Meter weiter ist das „Alte Fassl". Das hat, wie erwähnt, nicht nur einen schönen Gastgarten und leckeres Essen – es befindet sich –man kann es nicht oft genug schreiben – auch in dem Haus, in dem Falco aufgewachsen ist (oder im Nebenhaus, so genau weiß ich das nicht mehr). Jedenfalls ist außen eine Plakette angebracht, man kann es also leicht erkennen (das Falcohaus, das „Alte Fassl" sowieso). Das alles weiß ich wiederum, weil ich, wie erwähnt, eine Gasse weiter aufgewachsen bin. Ist also quasi meine Hood. Wenn man jetzt wieder die Pilgramgasse runtergeht, landet man rechter Hand beim „La Vita è

Bella" (da hätte man gleich reingehen können, aber dann hätte ich nicht so gut beschreiben können, was es noch so alles in der Gegend gibt).

Da gibt es erst mal superfreundliche Kellner. Die reden mit einem, wie wenn man sich schon ewig kennen würde. Sie sind positiv und granteln nicht herum, wie sonst in Wien üblich. Das gibt einem ein bisschen das Gefühl, gerade auf Urlaub zu sein (woran es liegt, dass die Menschen im Süden meistens freundlicher sind als hierzulande … ich weiß es nicht). Hier sind sie es. Mit italienischem Akzent. So wie der Chef, der mitunter auch laut bei seinen Lieblingsliedern mitsingt. Ob ich das gut finde oder nicht, hängt von meiner jeweiligen Tageslaune ab. Aber bis jetzt habe ich es immer lustig gefunden.

Bei Weinen kenne ich mich nicht wirklich aus. Aber alle, die sich auskennen, sagen, dass sie spitze sind. Ich kann nur so viel sagen, dass die paar Achtel Rot, die ich hier verdrückt habe, tadellos waren.

Die vielen Biere, die hier den Weg in meinen Schlund fanden, haben sich auch als würdig erwiesen.

Und dann gibt es ein paar wenige, aber ausgezeichnete kleine Speisen (Bruschetta, Vorspeisenteller und immer wieder Oliven … ich brauche nicht mehr).

Es handelt sich um ein Raucherlokal, was ich tadellos finde – solange ich noch rauche. Sollte ich damit aufhören, werde ich das als Zumutung anprangern, aber noch ist es nicht so weit, und ich fühle mich sehr wohl dabei, an der Bar mit Marco & Co. zu plaudern, zu rauchen und zu trinken. Idealerweise geht man hier zu zweit hin. Das Lokal ist nämlich nicht nur klein, sondern auch gut besucht, und da lässt sich oft kein Platz für mehr als zwei Personen finden. Spricht eigentlich auch für das Lokal. Prost!

DAS ZENTRUM DER WELT
UND WAS DARAUS WURDE
Schloss Schönbrunn
XIII., Schönbrunner Schloßstraße 47

Die meistbesuchte Sehenswürdigkeit Wiens ist
angeblich Schloss Schönbrunn. Dafür gibt es meiner Meinung nach eine simple Erklärung: Für die
meisten Amerikaner besteht Europa aus Paris. Paris
finden sie toll, weil hier so viele Gebäude stehen, in
denen Prinzessinnen wohnen könnten. (Prinzessinnen finden Amerikaner total gut, weil Cinderella
auch eine war.) Die in Amerika berühmteste Prin-
zessin neben Cinderella ist Marie Antoinette, weil
sie so völlig typisch unamerikanisch war (also nicht
so demokratisch und gerecht wie Amerika und ihre
Untertanen nicht so komplett frei wie US-Bürger).
Außerdem hat sie den berühmten Satz mit dem Brot
und dem Kuchen gesagt (hat sie nicht, aber ist jetzt
egal), und dann hat man ihr die Rübe abgehackt.
Das sind Zutaten, mit denen man America's next
Idol wird.

So, und wo ist Marie Antoinette aufgewachsen?
Richtig, in Wien, Schönbrunn. Wenn Touristen
also nach Schonbrunn kommen, um ein bisschen
Marie-Antoinette-Flair zu schnuppern, weil sich
Paris nicht ganz ausgegangen ist, dann ist das, wie
wenn sich Europäer Wolkenkratzer in Cleveland
am Lake Erie ansehen, weil sich Los Angeles am

Pazifik nicht ausgegangen ist. Eh super, aber nicht ganz das Original. Reicht aber allemal für ein paar Fotos und beeindruckende Erzählungen, wenn man wieder daheim ist. Österreich wird ja auch gerne in den USA als „Switzerland on a budget" beworben. Insofern ist Schloss Schönbrunn „Versailles on a budget".

Zugegeben: Schloss Schönbrunn ist wirklich beeindruckend, vor allem, wenn man selbst in einer Mietwohnung mittlerer Größe wohnt. Alles im Eigentum exklusive Betriebskosten: hohe Räume, viel Gold, alte Gemälde und immer das Gefühl, dass Marie Antoinette jederzeit um die Ecke biegen könnte – oder ihre dicke Mutter Maria Theresia. Dabei fällt mir ein, dass Marie Antoinette eigentlich „Maria Antonia" geheißen hat. „Marie Antoinette" war quasi der Künstlername. Aber Eminem heißt ja auch eigentlich „Marshall Mathers".

Was ich sehr praktisch finde, ist, dass man mit der U4 direkt nach Schönbrunn fahren kann. Nach Versailles geht zum Beispiel keine U-Bahn. Es gibt einen großen Garten mit vielen schönen Sträuchern, die so geschnitten werden, dass sie nicht aussehen wie Sträucher, und die Gloriette ist auch eines meiner liebsten Wahrzeichen österreichischer Mittelmäßigkeit: Ursprünglich wollte man bis zur Gloriette bauen, ist dann aber doch draufgekommen, dass das Geld nicht reicht. Im Winter gibt es einen Christkindlmarkt vor dem Schloss. Wenn man sich den Magen mit Punsch und Glühwein verkleben möchte: bitte, nur zu! Sie wissen es schon: So richtig hat sich mir die Sinnhaftigkeit von Punschständen noch nicht erschlossen. Man steht in einer Eiseskälte und konsumiert überteuerte Heißgetränke, damit einem warm wird. Anstatt gleich ins Innere zu gehen. Naja, warum nicht.

In der Nähe soll das Schönbrunner Bad sein, wo man in der Nacht heimlich über den Zaun klettern kann. Angeblich – habe ich noch nie ausprobiert – aber schon von vielen Seiten gehört, dass das recht lässig sein soll.

Ansonsten: Ja, Schloss Schönbrunn ist hübsch, es ist beeindruckend, aber die ganzen Touristen nerven schon ziemlich.

WITH TRASH RULES
Gewerbepark Kagran
XXII., Gewerbeparkstraße

Für Freunde von Idylle in Paris oder Venedig kein adäquater Ersatz, muss ich zugeben. Aber wenn man gerne einkaufen geht und dabei Dinge ersteht, von denen man nicht wusste, dass man sie braucht, bis man vor ihnen stand: Insidertipp!

In Wien gibt es die Mariahilfer Straße – sagte ich schon. Die ist generell lustig, aber besonders, weil sich die Stadtregierung nicht entscheiden kann, ob das eine Fußgängerzone oder eine Straße ist. Sagte ich auch schon, kann man aber nicht oft genug sagen. Die Mariahilferstraße ist „die" Wiener Einkaufsmeile schlechthin. Wenn man also gerne billige Fetzen made in China sold by Sweden kauft und das Gefühl mag, in sämtlichen europäischen Hauptstädten das gleiche Angebot zu finden, nur dass der Kassabon in unterschiedlichen Sprachen ausgedruckt wird …, der oder die ist da richtig.

Es gibt auch die SCS. Steht für Shopping City Süd. Eine verrückte Idee aus den 70er-Jahren. Da fand man es erstrebenswert, das Konzept der amerikanischen Shoppingmalls in Europa neuen Freunden nahezubringen. Erstaunlicherweise funktioniert das immer noch. Menschen fahren zuhauf in diesen Wiener Vorort, um dort das Gleiche zu finden wie auf der Mariahilfer Straße. Und zwar in

Massen – freitags, samstags möchte ich dort nicht sein. Kein Parkplatz, Hektik, Panik, Stress, alles, was man braucht. Ok, es gibt einen IKEA, ein paar Baumärkte … und sonst …, hmmm, fällt mir jetzt kein Unterschied ein. Doch: Conrad Electronic (siehe weiter vorne im Buch). Sehr wichtig für Männer, die auf technische Spielereien stehen und ferngesteuerte Flugzeuge faszinierend finden. Also eh fast alle. Quasi ein Designerschuhladen für Frauen mit Schwanz.

So weit, so gut: Aber all das gibt es im Norden von Wien auch. Im Gewerbepark Kagran. Kein Schmäh. Fetzen, Möbel, ferngesteuerte Flugzeuge, Baumarkt, Kinderspielzeug … lauter Wahnsinn, den keiner braucht und für den man sich normalerweise in Vösendorf anstellt. Warum also nicht gleich nach Kagran fahren! Hier gibt es den gleichen Trash. Zu gleichen Preisen, in der gleichen Menge wie in der SCS und auf der Mariahilfer Straße – aaaber: deutlich leichter erreichbar und ohne Stress.

Eine unselige, erbärmlich aussehende Ansammlung von internationalen Konzernen, die auch hier erfolgreich Männer, Frauen und Kinder zu Konsumenten machen, sie dabei verarschen und ihnen dabei das Gefühl geben, sich besser hier als anderswo verarschen zu lassen. So funktionieren halt Shoppingcenter.

Ist ok, Teil des Systems zu sein, kann auch Spaß machen – solange man es weiß. Mache ich auch so.

Wenn Sie dieses Dokument gelesen haben, vernichten Sie es durch Aufessen. Ich fahre nämlich gerne nach Kagran und will keinen Stress haben, nur weil jetzt möglicherweise mehr Menschen auch dort hinfahren.

NASHÖRNER MACHEN GROSSE KACKIS

Tiergarten Schönbrunn
XIII., Maxingstraße 13b

Für sonnige Tage ist der Tiergarten Schönbrunn, was das Haus des Meeres an verregneten Tagen ist: die unoriginellste, aber beliebteste Lösung für Familien mit kleinen Kindern. Natürlich und selbstverständlich gehe ich bei schönem Wetter mit meinen Kindern und Freunden oder Cousinen von ihnen nach Schönbrunn. Bei schönem Wetter. Sonst würde ich ja ins Haus des Meeres gehen. Und jedes Mal denke ich mir: „Es wird schon nicht so schlimm werden, und ich werde schon einen Parkplatz finden." Ich finde nie einen Parkplatz, kenne dafür die erweiterte Umgebung vom Vorbeifahren schon recht gut, und doch: Es ist jedes Mal schlimm. Also nicht wirklich schlimm im Sinne von „oasch" oder „fürchterlich", aber schon ein wenig unentspannt. Wenn man zum Beispiel eine halbe Stunde ansteht, um Pommes frites für die lieben Kleinen zu kaufen, dann tatsächlich drankommt und bezahlt und einem genau in dem Moment, wo man zurück zum Spielplatz gehen will, die Pommes runterfallen, nahe am Becken der Pinguine, die sich über Pommes freuen würden – immerhin werfen pro Tag gefühlte zwanzig Kinder ihre Jausensemmel ins Wasser (andere Leute schaffen das vielleicht, aber ich kann nicht vier Tüten Pommes frites mit massig Ketchup obendrauf so tragen, dass nicht alles vollgepatzt wird oder mir ein großer Teil der Ladung abhanden kommt). Oder wenn man (wie alle anderen) entdeckt, dass den Kindern die Tiere eh relativ egal sind, weil es dort einen Spielplatz gibt und es viel interessanter ist, einen Euro in einen Bagger zu werfen, der sich dann eine Minute lang bewegt. Der Spielplatz ist super, darum stehen die Bälger drauf. So weit logisch. Aber er ist trotz angemessener Größe so überlaufen, dass man in Sekundenschnelle seine eigene Brut aus den Augen verliert. Dazu trägt der Spielhügel mit Röhrengängen bei, weil man Kinder nicht sehen kann, wenn sie sich in Röhren verstecken. Wenn man jetzt also ein Kind in dem Tunnelsystem sucht, unweigerlich als Erwachsener darin stecken bleibt und es ja doch nicht findet, ist – wenn man den Weg an die Oberfläche wieder gefunden hat – mit großer Wahrscheinlichkeit das andere Kind auch weg (außer man hat kein zweites oder drittes Kind).

Egal: Ich kenne den Tiergarten Schönbrunn noch aus meiner eigenen Kindheit in den 80er-Jahren. Da haben sie die Tiere tatsächlich noch in Käfigen wie in Zwingern gehalten. Da hat sich einiges getan. Der heutige Tiergarten ist wirklich vorne dabei, was artgerechte Haltung und weitläufige Gehege anbelangt. Soweit das bei Tiergärten überhaupt möglich ist. Ich kann mir nämlich schon vorstellen, dass der durchschnittliche Tiger lieber im Dschungel herumstreift, als im noch so modernen Gehege von Besuchern betrachtet zu werden. Kann ich jetzt nicht wissenschaftlich belegen, ich kenne auch persönlich keine Tiger, habe keine direkten Vergleichsmöglichkeiten, aber ich vermute das einfach so.

Ganz gefährlich: der Souvenirshop – wie zufällig neben den süßen Robben und den noch süßeren Pinguinen und den salzigen Pommes platziert. Hier gibt es unter anderem Plüschtiere. Ziehen Sie Ihre eigenen Konsequenzen daraus, wenn Kinder dabei sind.

Bei „den Krokodilen" (die bei Minderjährigen extrem gut ankommen, gleich nach dem Nashorn – das aber am anderen Ende des Zoos ist und deshalb erschöpfender Fußmärsche bedarf: „jetzt Nashorn, jetzt Krokodil, nein, doch wieder Nashorn etc. …, da capo al fine") habe ich bisher immer nur ein einziges Krokodil gesehen. Es liegt gleich am Anfang der Tour durch das Terrarium – kurz vor dem Ausgang – auf der linken Seite und verhält sich da spektakulär unspektakulär. Es ist nämlich von Natur aus gut getarnt. Und wahrscheinlich aus Gewohnheit sehr faul. Warum sollte es auch posen und so tun, als ob es wahnsinnig wild wäre, Futter kriegt es ja sowieso. Also liegt es wie ein vermodernder Baumstamm im Terrarium, und alle zwei Minuten freut sich ein Besucher, wenn er es erkennt. Also eine Karriere irgendwo zwischen Rammstein und Alfons Haider.

Weiter hinten im Terrarium – gaaanz hinten (damit die verdammten Familien sich auch die anderen langweiligen Fische und Lurche ansehen) – ist ein Aquarium, in dem bunte Fische schwimmen. Unter anderem ein paar Clownfische. Wer jetzt nicht jauchzend „Nemo" ruft und sein Kind hochhebt, damit es besser sehen kann, hat keines oder ist im falschen Buch.

Was ich gerne mag, ist das „Tirolerhaus". Auf die Idee, in einem Zoo ein Tirolerhaus hinzustellen, muss man erst mal kommen. Dazu ein paar Haustiere, wie Schafe, Ziegen, Kühe und ein paar Kaninchen …, passt. Nicht ganz so exotisch wie Pumas oder Nilpferde, erfüllt aber den gleichen Zweck: Den Leuten gefällt's. Außerdem mag ich den Geruch von Misthaufen am Bauernhof.

GELEBTE DEPRESSION

Dreivierteltakt

II., Praterstraße 54

Da geht man normalerweise nicht rein. Außer man wohnt in der Nähe oder man ist Tourist. Tourist bin ich in 1020 Wien keiner. Also muss ich in der Nähe wohnen. Richtig. Der Name „Dreivierteltakt" verweist überraschenderweise auf den Compositeur Johann Strauss, der in eben diesem Haus den Jahrhunderthit „Donauwalzer" verfasst haben soll. Wenn er gewusst hätte, dass über hundert Jahre später holländische Touristen auf seinen Spuren Schnitzel essen wollen, hätte er sich das vielleicht überlegt. Im Lokal ist es selbst angesichts der Tatsache, dass es ebenerdig ist, erstaunlich duster. Das wird erreicht durch geschickte Anordnung von sterbenden Zimmerpflanzen auf den Fensterbrettern und jeden Lichtstrahl absorbierende Vorhänge. Wie so oft schätze ich hier vor allem das Publikum. Ja, es gibt eine Speisekarte, und das Essen ist völlig in Ordnung (Grillteller, Schnitzel, Apfelstrudel, etc. ..., was man halt so braucht). Was mich jedoch immer wieder verzückt: großartige Pensionistinnenrunden, der Mann mit dem grauen Schnauzer und der sehr unangenehmen lauten Stimme, die dauerfette Dame mit dem schlecht gefärbten Haaransatz, die auf einen jungen Araber steht, der aber nur ihre Kohle will, ... herrlich! Apropos: Nebenan ist ein islamisches Kulturzentrum. Von dort kommen immer wieder junge Männer rüber, um Kaffee zu trinken. Das ist ein schöner Gegensatz zu den alten Männern, die hierherkommen, um in erster Linie Alkohol zu trinken. Dazu die Klienten vom betreuten Wohnen, die schnatternden Pensionistinnen und die vom Wind hereingewehten Touristen, die immer sehr erstaunt wirken und sich wundern, ob das so gehört in Österreich. Oft will ich dann sagen: „Nein, das gehört nicht so. Dies ist einfach ein eher nicht so gutes Lokal!", aber ich schweige und genieße den Melting Pot im Kleinen. Die Kellnerinnen sind fast immer freundlich, aber mindestens genauso oft heillos überfordert. Da kann das ganze Lokal leer sein, die diensthabende Servierkraft wird bestimmt gehetzt sein und sich außerstande sehen, unter zehn Minuten Wartezeit zu Ihrem Tisch zu kommen. So haben Sie wenigstens genügend Zeit, über sich und Ihr Leben nachzudenken. Oder die hervorragende Beschallung durch Radio Arabella zu genießen. Nichts gegen Radio Arabella – ganz im Gegenteil, gefällt mir – aber: Wenn der Sender nicht ordentlich eingestellt ist und/oder die Antenne nicht angeschlossen oder richtig verlegt ist, dann rauscht es. Und zwar nicht nur gewaltig, sondern (von mir persönlich überprüft) seit mindestens fünf Jahren. Das muss man auch einmal zusammenbringen: Wie viel kann ein Radio kosten? 10, 20, vielleicht sogar 30 Euro?

Oder wenigstens eine neue Antenne, also ein Kabel, das man anschließt und dann irgendwo hinter dem Kasten verlegt? 10, 20 oder gar 30 Cent? Den Gedanken hat man hier aber noch nicht zu Ende gedacht und nimmt lieber das unregelmäßige Rauschen in Kauf. Keine auf das Zielpublikum zugeschnittene Attraktion im herkömmlichen Sinn, aber zumindest eine Besonderheit. Seit einiger Zeit haben sie einen abgetrennten Raucherraum. Das bringt viele Vorteile, unter anderem: Wenn man raucht, riecht man nach dem Besuch noch verlässlicher nach Geselchtem als vorher. Und die Kellnerinnen sehen einen jetzt noch schlechter, wenn man dürstend winkt, ruft und eigentlich nur trinken will.

UM DEN DAMENBART
DES DOGEN
Dogenhof
II., Praterstraße 70

Der Dogenhof auf der Praterstraße kann einiges.
Völlig versifft, Mannerschnitten in der Vitrine, die
noch der Kaiser persönlich signiert hat, und eine
Chefin, die … (jetzt muss ich Luft holen, das Tisch-
chen vor mir hochklappen und den Sitz in eine auf-
rechte Position bringen) …, also die Chefin: Um
Zuneigung bettelt sie nicht. Sie ist eine sehr strenge
und stolze Herrin mit zartem Damenbart. Sie
erzählt ungefragt und mehrmals, dass irgendwann
einmal Muslime bei ihr im Lokal waren und ihr
nicht die Hand geben wollten, weil sie eine Frau ist.
Das ist eine Frechheit, weil sie immerhin einen
Sohn aufgezogen hat, der 19 (!) Mitarbeiter unter
sich hat! Dabei zittert der Damenbart vor Erregung
– man möchte zahlen, obwohl man noch gar nichts
bestellt hat, und das Weite suchen. Aber die Faszi-
nation, wie bei einem Autounfall zuzusehen, über-
wiegt.

In ihrem Selbstverständnis scheint sie eher Kunst-
mäzenin zu sein. Die einzigen Gäste, die sie nicht
mit bewundernswerter Respektlosigkeit behandelt,
sind nämlich zwei, drei betagte Damen, die für sich
verbuchen können, Witwe eines Theaterschauspie-
lers, beinahe Operettensängerin oder Bekannte

eines Professors (der auch einmal auf Ö1 war) zu sein. Wer unter siebzig und/oder kein Künstler im eng gezogenen Verständnis der Chefin ist, ist nämlich Bittsteller und nicht Gast. Das ist durchaus amüsant. Ich habe es getestet. Folgende Versuchsanordnung: zwei Geschäftsführer von doch eher großen Firmen, ein EDV-Fachmann und ich. Widerwillig wird uns Bier gebracht. Weil außer uns und besagten Damen niemand im Lokal ist, wird taxiert. Was machen Sie, sind Sie eh nicht schwul, etc. … ? Die Manager steigen schlecht aus, der EDV-Fachmann wird mit der Frage konfrontiert, warum das Handy der Chefin nicht funktioniere. Ich oute mich als Familienvater und Radioredakteur. Leider nicht bei Ö1. Da gibt es auch keine Punkte von der One-Woman-Jury. In die nächste Runde komme ich nur, weil ich mit den drei alten Damen ins Gespräch komme und beim generationsübergreifenden und genderneutralen Schwanzvergleich herauskommt, dass ich einmal den Salzburger Stier gewonnen habe. Warum und in welcher Funktion, ist irrelevant, weil warum: Der Salzburger Stier wird von Ö1 kuratiert, und die haben noch am ehesten mit Opern, Operetten und Kammerschauspielern zu tun. Glück gehabt.

Wenn man das dritte Bier bestellt, wird man scheel beäugt, aber der Wille zum Umsatz siegt über die Verachtung. Ich hoffe inständig, dass die Chefin nicht ins Glas greift oder das Bier irgendwie in Berührung mit ihr, dem Lokal oder der Luft kommt – sonst müsste ich kotzen. Weil es eben versifft ist. Im Sinne von unappetitlich. Vielleicht wäre das anders, wenn ungarische Studentinnen servierten. Also, definitiv nicht appetitlicher im wortneutralen Sinn, aber sie würden das Ambiente allgemein aufwerten und vom Messbaren (wie schmutzigen Gläsern oder Lurch unterm Tisch) ablenken. Darum präsentieren auf Automessen selbst biedere Familienautos öfter unbedarfte Models als die kompetente Frau des Vorstandsvorsitzenden.

So ähnlich ist das im Dogenhof. Fans von Hooterbars sind nicht das Zielpublikum.

Das Lokal selbst ist vernachlässigenswert, aber die Chefin ... ein Traum! Essen würde ich dort nichts, aufs Klo nur gehen, wenn es unbedingt sein muss ..., aber die Chefin! Großartig!

SEARCH AND NESTROY

Mader am Platzl
II., Praterstraße 19

„Der" Mader oder „das" Mader? Keine Ahnung. Wir gehen immer zum Erich. Das ist der Chef, und da gibt es keine Zweifel am Geschlecht. Zweite Schwierigkeit in der Kommunikation. Oft sage ich: „Ich gehe zum Nestroy." Das ist auch nicht ganz richtig. Der Nestroyplatz ist gute 500 Meter entfernt. Aber vor dem Mader, also vor dem Erich, befindet sich ein Nestroydenkmal. Das macht sich schon recht imposant und gibt dem ganzen Platz ein bisschen französisches Flair. Könnte auch italienisch sein. So heikel bin ich da nicht. Das Gebäude ist von außen wunderschön. Um die 200 Jahre, innen eher um die 20 Jahre alt. Sieht ein bisschen so aus wie die Lokale, in die man als 15-Jähriger geht, wenn am Schulschikurs schifreier Tag ist und man Auslauf in den nächsten größeren Ort hat, um heimlich zu rauchen. Das meine ich durchwegs positiv, ich mag so was aus einer Art masochistischem Trieb heraus. Im Sommer scheint die Sonne immer lange auf den Gastgarten, was mir wichtig ist. Denn wenn ich es gerne schattig hätte, könnte ich auch im Badezimmer bleiben. Großer Pluspunkt: das Publikum. Einerseits befindet sich im Nebenhaus der Privatsender ATV, andererseits ist auch die UNIQA-Versicherung in der Nähe. Wenn man also gerne wichtigtuende Fernsehredakteure in freier Wildbahn und bei der Nahrungsaufnahme beobachten möchte, ist man beim Mader richtig. Auch sturzbetrunkene Versicherungsvertreter mit Handyhalfter am Gürtel lassen sich hier tadellos in ihrem natürlichen Umfeld bestaunen. Wenn das ein bisschen verächtlich klingt, dann liegt das daran, dass es genau so gemeint ist. Versicherungsvertreter und Fernsehmenschen ..., die verhalten sich zueinander wie Leuchtkörper aus dem Baumarkt zu Designerpolos vom Cloppenburg. Beides auf seine Art geschmacklos, von außen betrachtet schrecklich, aber in der Eigenwahrnehmung ein Meisterwerk der Schöpfung.

Egal. Der Rotwein beim Erich ist top. Ausgesprochen günstig, schmeckt gut, der Herr Erich schenkt verlässlich so ein, dass die Kapazität eines Viertelglases genutzt wird, und wenn der Rausch vorhanden ist, muss man ihn am nächsten Tag nicht bereuen. Bier wird auf Wunsch auch gereicht. Wenn dann auch mal wer in der Küche ist (das System dahinter habe ich noch nicht durchschaut, manchmal gibt es Küche, manchmal eben nicht), dann schmeckt das sogar richtig. Schon eher die einfache Art, aber wenn man es gerne schnöselig hat, braucht man nur ein paar Meter weiter Richtung Donaukanal gehen. Da sind Lokale für Menschen, die am Naschmarkt keinen Platz gefunden haben (also hohe Chai-Latte- und Zitronengras-Dichte).

Der Erich zeigt keine übertriebene Eile bei der Ausübung seiner Serviertätigkeit, das stört aber nicht, weil er immer so gemütlich wirkt. Guter Typ. Manchmal binden in der Nacht Lausbuben einen Luftballon oder einen Schal oben dran an die Statue vom Nestroy. Diese Artefakte bleiben dann so lange hängen, bis sie durch natürlichen Verfall den Weg des Vergänglichen gehen. Das stört mich immer ein wenig, und ich würde gerne auf den Nestroy klettern und ihn vom Unrat befreien. Habe ich aber noch nie gemacht, weil mir das ein bisschen peinlich wäre. Außerdem habe ich Höhenangst, und irgendwie sieht so ein zerplatzter Luftballon auch recht apart aus.

BLENDEN
UND TÄUSCHEN

Hundertwasserhaus
III., Kegelgasse 36–38

Es gibt ein paar wenige Dinge, die sich nicht ändern. Egal, wie sehr man sich das wünscht, und egal, wie kreativ man dabei ist. Ein so ein Ding ist: Menschen gehen zu Fuß. Nicht von Geburt, aber von Natur aus. Wenn man ihnen dabei Hindernisse in den Weg legt, belohnen sie das selten mit Beifall.

Warum hat Friedensreich Hundertwasser geglaubt, dass er der Menschheit einen Dienst erweist, wenn er das Foyer des nach ihm benannten Haus nicht einfach flach verfliest (was nicht besonders originell, aber jahrtausendealte und erfolgreich erprobte Praxis ist), sondern künstlich Bodenwellen einbaut? Das mag zwar künstlerisch wertvoll sein, hat in einem Haus aber nichts verloren. Ich kann auch ein Paar Jeans hernehmen und beide Beine zunähen. Das wird sicherlich einige gute Kritiken in der Mode-Journaille zeitigen, die meisten Menschen werden mein Werk aber nicht tragen wollen.

Herr Hundertwasser: Ruhen Sie in Frieden, aber nehmen Sie zur Kenntnis: Bodenwellen sind kein künstlerisches Statement, sie nerven nur. Vor allem, wenn man mit Rollstuhl, Kinderwagen oder auch einfach so – als ganz normaler Durchschnittsmensch – ihr Foyer durchschreiten möchte … und dann auf die Schnauze fliegt. Bunte Fliesen, die nicht zueinander passen ... ok: Aber als Statement gegen das regulierte Alltagsleben wirkt das doch ein wenig wie Teenager, die aus Protest in der Straßenbahn älteren Herrschaften nicht Platz machen und auf ihre nagelneuen Lederjacken „Punk's not dead" malen. Nicht?

Das Hundertwasserhaus ist eh nett. Auch hübsch finde ich es. Aber als künstlerisches Aufzeigen gegen die Vergrauung und Betonierung der Welt ist es halt doch sehr altbacken. War es wahrscheinlich immer schon. Aber es gibt ja auch Religionslehrer, die sich die Haare lang wachsen lassen, um ein wenig als Revoluzzer aufzufallen.

Egal: Ausrangierte Holztreppen in einem Nachkriegshaus? Ok, soll sein. Aber kein Aufzug in einem Haus made in 1985? Da habe ich schon offiziell rauchen dürfen. So lange ist das nicht her. Wie konnten Sie so weltfremd sein und ein Haus bauen, das nicht funktioniert (Schimmel, hereinwachsende Bäume, kaputte Leitungen)? Ok, Peter Pelikan, Ihr Architekt, war Beamter bei der MA19. Aber muss man die regierungsfreundliche Haltung so offensichtlich in handwerkliche Inkompetenz umwandeln?

Anscheinend schon. Aber: gute Ausstellungen drinnen. Freundliche Mitarbeiter (zumindest die paar Male, als ich dort war), und wenn man gerne Touristen sieht, findet man hier ziemlich sicher welche.

MEER
IST WENIGER

Haus des Meeres
VI., Fritz-Grünbaum-Platz 1

Der wahre Genießer schnappt sich Kinder (eigene, Neffen, Nichten oder welche von eBay) und kommt am verlängerten Wochenende oder sonstigem Feiertag hierher. Heißer Tipp am Rande: Wenn es regnet, gelingt das Experiment noch besser (weil überraschenderweise gefühlte siebzigtausend andere Väter, Onkel und Großeltern dann auf die gleiche Idee kommen, ins Haus des Meeres zu gehen). Ich verstehe ja sowieso nicht, wie man auf die Idee kommt, aus einem Flugabwehrturm ein Terrarium zu machen, aber bitte. Als Kind hat es mir hier ganz gut gefallen. Das ist aber lange her, und vielleicht war damals die Flugabwehr noch intakt. Weiß ich nicht, kann mich nicht mehr erinnern.

Jedenfalls stelle ich mich mit meinem Sohn (drei, sitzt im Kinderwagen) an. Vor dem Haus des Meeres. Sehr weit davor. Die Schlange ist gewaltig. Die draußen. Die drinnen habe ich nicht gesehen. Natürlich regnet es, sonst wären wir ja woanders hingegangen. Weil es aber regnet und Feiertag ist, habe ich die gloriose Idee gehabt, ins Haus des Meeres zu gehen. So wie alle anderen eben auch. Das Haus des Meeres befindet sich in einem Park. Parks sind aus Erde, Bäumen, Sandkisten und Hundescheiße hergestellt. Zwei davon vermengen sich bei Regen zu einem übel riechenden Substrat, in dem Schuhe und Kinderwagenreifen gut stecken bleiben. (nein, nicht Bäume und Sandkisten). Man steht also eine Stunde im Erd-Scheiße-Dreck, darf dann irgendwann zahlen, man beginnt zu verstehen, welche Selbstbeherrschung Vietnamsoldaten unter Beschuss und ohne Verpflegung im Dreck im Dschungel liegend haben mussten, um nicht durchzudrehen. Das Kind pfeift auf Selbstbeherrschung und lässt seinem Drang nach Auszucken freien Lauf. Eh klar, warum nicht. Garderobe: gut, aber überfüllt und geschlossen. Also rein mit nasser Kleidung. (Zur Erinnerung: Das ist ein Terrarium. Also gut beheizt. Man wird später schwitzen und dampfen, dass die Hälfte reicht.) Beim Eingang/Ausgang ein Drehkreuz. Mit Betonung auf „ein". Vielleicht war ein zweites da, dann war es aber außer Betrieb, auf Pause oder es hat sich vor mir versteckt, weil es mich ärgern wollte. Das verbleibende Drehkreuz wird unkontrolliert von beiden Seiten frequentiert. Die einen flüchten vor der grünen Hölle Wiens und drängen raus, die anderen vor dem Zorn ihrer Kinder und wollen rein. Schwierig. Es wird aber noch schwieriger mit Kinderwagen. Den kann man nirgends abstellen und muss ihn mit reinnehmen. Problem: Er passt nicht durchs Drehkreuz. Also: Kind raus. Es plärrt. Menschenmassen drängen sich vorbei. Alleine Kinderwagen hochheben (das Bobomodell Bugaboo, das wiegt schon was), drüberheben, einem flüchtenden und keifenden Weib auf die Füße. Sie zürnt. Ich transpiriere und suche mein Kind. Weg. Aja: Er ist zu irgendwelche Viechern beim Ausgang gelaufen, weil da andere Kinder stehen (bei Schildkröten oder irgendwas Süßem; keine Hasen, weil die leben nicht im Meer). Möglicherweise hat Spongebob Autogramme gegeben. Kinderwagen drinnen, ich muss wieder raus. Über Absperrung geklettert, sehr schlechte Kritiken von den umstehenden Ausreisewilligen bekommen, Kind geschnappt, wieder über Absperrung geklettert. Diesmal schlechte Wünsche und Verfluchungen vonseiten der Einlass Begehrenden.

Keuch.

Wo ist der Scheißkinderwagen? Ah, da! Wohin damit? Kind reinsetzen und herumfahren geht nicht. Weil warum? Neun Stockwerke, ein Aufzug. Ein sehr kleiner, und der pendelt zwischen drittem und fünftem Stockwerk hin und her. Selbst wenn er ins Erdgeschoß käme, müsste ich mit hysterischen Menschenmassen kämpfen und verlieren, weil ich Pazifist bin und als Handicap einen Kinderwagen habe. Also Kinderwagen vor einem Aquarium abgestellt. Wahrscheinlich war ein sehr seltener und sympathischer Fisch drin, war mir aber egal. Jetzt: mit nassem Anorak in beheizten Räumen ein Kind in nassem Anorak 9 (in Worten: neun!) Stockwerke hochtragen.

Gottseidank ist der Bub im achten Stock zu der Erkenntnis gekommen, dass er eigentlich lieber in den zweiten Stock möchte, weil da irgendwelche Lurche sind, die ein Aufschieben seines Besuches nicht dulden würden. Wieder runtertragen (immer noch in nassen Anoraks, vorbei an Menschenmassen in einem beheizten, in einem sehr gut beheizten Gebäude). Die gesuchten Lurche waren dann doch woanders. Also wieder rauf Richtung neunter Stock. Wieder runter, wieder rauf, runter, rauf. Dazwischen Affen und Vögel im Vivarium. Noch besser beheizt. Sonst fühlen sich die ja nicht daheim wie im Amazonas, auch verständlich. Kind immer am Arm, weil wenn ich ihn auf den Boden stelle, wird er augenblicklich von einer Stampede gehetzter Onkel, Tanten, Omas niedergetrampelt.

Irgendwann habe ich wieder rausgefunden und bin mit dem Buben auf Eis und Pommes gegangen. Das war schön. Es war ein griechisches Lokal in der Nähe vom Haus des Meeres, vielleicht finden Sie es eh selbst. Mir fehlen Kraft und Nerven, es zu recherchieren.

Fazit: Haus des Meeres war toll, wie ich ein Kind war. Es ist jetzt sicher auch noch toll, nur nicht an verregneten Ferientagen. Aber an den meisten anderen wahrscheinlich schon.

DAS BESTE
AUS DREI WELTEN

Hans im Glück

II., Schmelzgasse 9

Das „Hans im Glück" hat bis vor kurzem „Weißer Tiger" geheißen, und schon alleine deswegen sollte man hingehen. Beide Namen sind genial: der „Weiße Tiger" war kein Chinese, sondern Wiener Küche der eher besseren Klasse und großartig. „Hans im Glück" ist halb spanisch, halb südtirolerisch (personell, und von der Küche her sowieso) und auch großartig. Das liegt zum einen an der Location (zentral, aber nicht Innenstadt, Gastgarten mit reichlich Sonneneinstrahlung und moderne – aber gemütliche – Innenatmosphäre (hey, der Spanier ist Architekt!) und mittlerweile eigener Kinderecke – günstigerweise im Nichtraucherteil (hey, der Süd-tiroler ist Pädagoge!). Zum anderen liegt das am gnadenlos sympathischen Personal. Ich würde mich auch auf einen Misthaufen setzen und Rüben zuzeln, schätzte ich die Gesellschaft des Betreibers. Letzteres tue ich zwar beim „Hans im Glück", aber Küche und Ambiente passen eben auch. Mit der U1 und U2 leicht erreichbar sind sie auch. Zu Fuß sowieso. Und genau gegenüber ist das Spital der Barmherzigen Brüder. Wenn einem also spontan schlecht wird oder man sich einen grauen Star stechen lassen möchte, ist das zwischen zwei Bier möglich, ohne dass sie warm werden. Die Leberspezialisten dort sollen auch gut sein, hat mir ein Freund erzählt, der sie zwei Wochen lang stationär getestet hat.

Zur Rechten ist eine jüdische Schule. Weil ja Tel Aviv als Reiseziel hip ist, auch keine schlechte Idee. Linker Hand ist ein Stundenhotel, in dem einige Folgen des legendären „Kottan" gedreht wurden.

Ich wiederhole mich ungern. Aber was kann an der Kombination Spanien, Dolomiten, Tora, Puff verkehrt sein? Gar nichts. Da hat man das Beste aus vier Welten. Plus Sonne im Sommer und Holzofen im Winter. Es kommen zwar immer wieder Klugscheißer von der Filmfirma ums Eck vorbei, manchmal auch selbstverliebte Dramaturgen vom nahegelegenen Theater Hamakom oder Kulturjournalisten von diversen Medien, deren Namen ich mich nicht zu erwähnen traue, weil ich mit Konsequenzen zu rechnen habe – aber die kann man alle auch lustig finden. Eigentlich nur. Apropos: Das Haus, wo die Schnell von „Schnell ermittelt" aus der Serie wohnt, ist links ums Eck, wenn man aus dem Lokal geht. Das Stundenhotel eine Gasse weiter und ein Hofer auch (falls man auf Wochenangebote steht wie ich). Es kommen aber mittlerweile auch einige spanische Gäste, und das heißt ja was.

Zurück ins „Hans im Glück": Da gibt's gratis Oliven zum Getränk, leckere Wraps, Fleisch und Gemüse wahrscheinlich auch (habe ich aber noch nie probiert), und man fühlt sich schlicht und ergreifend wohl. Glauben Sie mir das einfach! Ich weiß auch nicht genau, warum. Vielleicht passen die Wasseradern oder das Karma (aja, rechts ist ein Versammlungszentrum für Buddhisten), ich weiß es nicht. Wenn Sie eine minutiöse Auflistung von Speisen, Getränken, Preisen, Service und historischem Hintergrund wollen, kaufen Sie bitte einen anderen Wien-Führer. Ich bin da gar nicht beleidigt. Zumindest nicht sehr. Obwohl ... ja, bin ich schon.

DINOSAURIER UND MOTTENKUGELN
Naturhistorisches Museum
VII., Burgring 7

Machen wir es kurz: Wer mag keine Dinosaurier?
Eben. Kinder sowieso und Menschen, die einmal
Kinder waren, auch. Also praktisch alle. Außer die
mit sehr schlechtem Gedächtnis, die sich nicht mehr
daran erinnern können, Kinder gewesen zu sein.
Aber mit denen habe ich sowieso nichts am Hut. Im
Naturhistorischen Museum gibt es ein Skelett von
einem Tyrannosaurus Rex und einen Saurierkopf
aus Gummi, der sich bedrohlich bewegt und faucht.
Verschreckt verlässlich kleine Kinder und unacht-
same Erwachsene. Ich war mit Neffen und Sohn
dort, und beide haben einen Batzen Respekt gehabt.
Und waren durchaus angetan von den anderen aus-
gestopften Viechern dort. Ein bisschen pervers ist es
schon: Tiere töten und dann so ausstopfen, dass sie
lebendig aussehen. (Nicht die Saurier, aber die
anderen. Also alles von Tiger bis Wiesel.) Ich weiß,
viele sind eines natürlichen Todes gestorben, wenige
hatten einen Organspenderausweis …, aber trotzdem: Wollte man wissen, wie ein Elefant aussieht,
kann man das auf youtube machen. Wollte man
wissen, wie er riecht, kann man das im Tiergarten
erledigen. Aber so nahe hin, dass man ihn (fast)
berühren könnte, aber nicht darf, das geht nur im

Museum. Außerdem gibt es im Tiergarten keinen Blauwal. Die meisten Präparate wirken recht betagt, und es riecht nach Mottenkugeln. Man kann also ins Naturhistorische Museum gehen, auch wenn man sich überhaupt nicht für Tiere interessiert, sondern nur für Museen als solche. Wegen dem Kuriositätenwert.

Tadellos wurde die leidige Garderobenfrage gelöst: Man stopft Jacke, Schal, Haube und das ganze Glumpert, das man mit Kindern eben so mit sich schleppt, in eine Art Schließfach, wirft eine Münze ein und kann dann absperren. Ich bin mir nicht sicher, aber ich glaube, man bekommt die Münze am Ende des Museumsbesuches sogar zurück. Das ist wahrlich generös, und wenn ich es falsch im Gedächtnis habe, aber dieses Feature mittlerweile geändert wurde, tut es mir aufrichtig leid. Was soll man sonst groß sagen: Es gibt hier wirklich alles: von Bakterien, über Insekten, Vögel, Fische, wilde Tiere, liebe Tiere und solche, von denen man es nicht genau weiß. Alle mausetot und sehr geduldig. Teilweise sehen sie nicht einmal besonders gut aus. Eher wie ein verunglücktes Faschingskostüm. Das sind mir eigentlich die liebsten, weil ich wie gesagt auf das Kuriose, leicht Kaiserlich-Königliche stehe. Damals, als der Kaiser eben noch honorige Professoren und Haudegen mit Tropenhelm in die weite Welt geschickt hat, um Wissen über die Fauna eventuell noch zu erobernder Gebiete zu sammeln. Die sind dann eben mit einer verfaulenden toten Beutelratte in Wien angekommen, und irgendein Kürschner hat sie ausgestopft und zwei Glasaugen reingesteckt. Dazu Mottenkugeln, damit es nicht so stinkt, und basta. Und so stehen diese Tiere bis zum heutigen Tag im Wiener Naturhistorischen Museum. Hat was.

Ach ja: Absolut auf Höhe der Zeit ist der Museumsshop. Nicht nur, was die Preise anbelangt, es gibt hier durchaus interessante Bücher, Gadgets und … tada! … Dinosaurier. Natürlich auch Kühe, Pferde, Hasen und alles andere aus Plastik. Aber die Saurier kommen am besten an. Kleiner Tipp: Bitten Sie Ihre Kinder, sich hinzuhocken, bevor Sie ihnen versprechen, dass sie sich etwas aussuchen dürfen. Perfiderweise hat die Museumsleitung nämlich die teuersten Plastiksaurier (also die mit dem langen Hals, logisch, dass das die teuersten sind) genau auf Augenhöhe der Kinder platziert. Den Fehler habe ich einmal gemacht, und er war nicht billig.

SCHIFFERLN VERSENKEN

Das Motto am Fluss
I., Franz-Josefs-Kai 2

Die Karaffen, in denen Spritzwein oder Saft gereicht werden, sehen hervorragend aus. Wirklich hübsch. Darum habe ich auch schon einmal eine in der Handtasche meiner Frau vergessen. Das meine ich als Kompliment an den guten Geschmack von wem auch immer, der das Geschirr ausgesucht hat. Wie ich dann daheim entdeckt habe, dass wir eine Karaffe haben, die uns gar nicht gehört, war ich natürlich sehr aufgebracht. Aber der Gedanke, ins Motto am Fluss zu gehen und zu sagen: „Grüß Gott. Ich habe daheim eine Karaffe, die zufällig genauso aussieht wie jene, die Sie hier verwenden. Hätten Sie sie gerne?", war mir dann doch zu blöd. Auch gut: das Essen. Habe ich zwar erst einmal probiert, aber war tadellos. Eher nicht Schnitzel und Gulasch, sondern schon eher die Lifestyle-Abteilung, aber warum denn nicht? Auch schön: die Kellner. Habe ich noch nie probiert – ich bin hetero –, aber ich erkenne einen gutaussehenden Mann, wenn ich ihn sehe. Hier isst das Auge des Betrachters mit. Die Libido von Hetero-Frauen und Homo-Männern bekommt immerhin Gusto.

Nicht gut: Warum muss ein hippes In-Lokal aussehen wie eine Mischung aus Republikpalast und dem verunglückten Versuch, ein Piratenschiff aus Edelstahl am Spielplatz zu installieren? Aber in einer Größe, Penetranz und Aufdringlichkeit, wie die Kathedrale von Notre-Dame in Neongelb. Weil halt irgendwer im Rathaus einen Architekten kennt, der einen 14-jährigen Sohn hat und der ihm erzählt hat, dass Neongelb gerade voll super ist. So zirka jedenfalls.

Außerdem: Der Republikpalast am Fluss versperrt mir den Blick auf die teilweise durchaus schöne Wiener Innenstadt und vor allem den Schwedenplatz, wenn ich gegenüber am Donaukanal im Sand sitze und Bier aus der Flasche trinke. Ohne schicke Karaffen und ohne verboten fesche Jungs. Aber mit einer sehr aparten Kellnerin, die aus einer Holzbaracke heraus die Gebinde reicht. Man gewöhnt sich an alles, auch an nässenden Ausschlag – aber gut finden muss man es trotzdem nicht. Wo mir früher die Sonne ins Gesicht lachte, bleckt mich jetzt ein Blechschiff-Monster an. Wahrscheinlich hat den Entscheidungsträgern nicht nur die verrückte Idee des Architekten gefallen, einmal etwas anderes in die Landschaft zu stellen – es hat sicher auch jemand in den Gremien gemeint, dass es ein tolles Statement wäre, ein Gebäude am Fluss wie ein Schiff aussehen zu lassen. Und einem dermaßen gefinkelten Einfall konnte niemand widerstehen.

Sehr gut: Wenn man am Deck im Freien sitzt, hat man tatsächlich ein bisschen das Gefühl, auf einem Schiff zu sein. Ok, es wackelt nicht, aber von weit oben auf den Donaukanal zu blicken, ist wunderbar.

Unverständlich: Auf beiden Seiten dieses Architekten-Feuchttraumes ziehen sich Treppen in die Höhe, die diesen Namen nicht verdienen. Noch einmal für Anfänger im Bau- und Planungsgewerbe: Es gibt die Schrittmaßregel von François Blondel ($2 \times S + A = 60$ cm bis 66 cm). Das weiß sogar ich. Nicht nur weil mein Vater Architekt ist, sondern weil ich über einen funktionierenden Internetanschluss verfüge und tadellos googeln kann. Warum haben das die Planer dieser Treppen nicht getan? Es ist schlicht unmöglich, flüssig über die Treppen das Motto am Fluss zu erreichen, ohne zu stolpern, aus dem Tritt zu kommen oder entnervt einfach umzudrehen. Gerade flach genug, dass man zu Fuß verzweifelt, aber steil genug, dass man mit Rollstuhl und/oder Kinderwagen verlässlich draußen bleibt.

WER NIX WIRD, WIRD WIRT.
UND MEHR.
Schosztarich
II., Franzensbrückenstraße 11

Sagen wir, wie es ist: Das beste Wirtshaus von überhaupt und ganz bestimmt von Wien ist der Schosztarich. Den Namen habe ich jetzt erst im Internet suchen müssen. Meine Freunde und ich gehen zwar oft zum Schosztarich, wir haben uns aber nie die Mühe gemacht nachzusehen, was am Schild draußen steht. Wir haben ein paar Spitznamen für das Lokal. Die traue ich mich aber nicht öffentlich preiszugeben. Der Chef ist nämlich nicht nur sehr kräftig, sondern hat auch einen Schäferhund. Also raufen will ich dort nicht müssen. Will ich generell nicht. Aber ein gut gebauter und genährter Wirt mit Schäferhund in Rufweite vom Prater ist halt keiner, dem man blöd kommen möchte. Muss man aber auch garantiert nie. Mir ist schleierhaft, wie er eine so umfangreiche Speisekarte anbieten kann, die vielen Zutaten einkaufen, lagern und dann auch noch von den Küchenfeen vergolden lassen kann. Und das zu Preisen, die man anderswo für die Garderobe ablegt. Ausnehmend freundliche Bedienung, aber nicht schleimig. Authentisch in jeder Beziehung. Es ist so: Ich habe zwar Matura und sogar ein Studium abgebrochen, aber die meisten meiner Freunde sind, wie man sagt, „Hackler". Denen ist wurscht, wenn die Kulturnachrichten von mir berichten, weil sie eh nur Sport schauen. Mir ist zwar Sport wurscht, aber ich mag meine Haberer sehr gerne, weil ich viel von ihnen lerne und weiß, dass sie mich mögen, obwohl ich so ein Koffer bin. So ähnlich ist das mit dem Schosztarich. Dem ist wurscht, ob der Herr Bundespräsident oder der Elektriker von nebenan hereinmarschiert. Wer halbwegs „Grüß Gott", „bitte" und „danke" sagen kann, wird bedient wie der Bundespräsident. Aber gemütlich, wie wenn man der Elektriker von nebenan wäre. Das mag ich. Und beim Zahlen sagt der Chef beim Trinkgeld: „Danke, Ausstattung." Keine Ahnung, wieso, aber das macht sonst niemand. Das mag ich auch.

Außerdem hat der Schosztarich einen Gastgarten, wie er gehört: Kiesboden, Bäume, Schatten, Tische, Sesseln, Salz-Pfeffer-Maggi in der klassischen Ausführung, Aschenbecher (wenn man will), das Bier oder der Gespritzte kommen zügig, und – Achtung! Wortwitz (weil „Zug") – die Schnellbahn fährt im Hintergrund vorbei. Das gehört so, weil man in Wien ist. Da wird es verdächtig, wenn es zu perfekt ist.

Ich habe es bisher nicht geschafft, irgendetwas nicht aufzuessen. Schnitzel, Hühnerspieß, Scholle gebacken, völlig egal. Schmeckt immer leiwand. Keine Avantgarde in dem Sinn. Aber wenn ich wetterfeste Wanderschuhe kaufen gehe, erwarte ich auch nicht, dass sie Stöckel und Strasssteine haben.

Man sagt ja, man erkenne ein gutes japanisches Restaurant daran, dass Japaner dort ihr Sushi essen gehen. Beim Schosztarich sitzen fast immer ein paar Arbeiter, ein paar Klugscheißer und zwei, drei Pensionisten. Daran erkennt man, dass das ein gutes Wiener Lokal ist.

COOL BLEIBEN
Kapuzinergruft
I., Tegetthoffstraße 2

Hier ruhen 138 Personen, fast zur Gänze Habsburger. Man kann – wenn man will – ganz in der Nähe von Maria Theresia, Franz Joseph und sogar dessen viel zu früh verstorbener Gattin Elisabeth, genannt Sisi, stehen. (Unvergesslich Romy Schneider in der Rolle selbiger. Später sollte sie in Frankreich leben und Rauschgift nehmen.) Man erkennt sie halt nicht auf den ersten Blick, und sie sind tot.

Legendär auch die Einlasszeremonie, wenn denn dann einmal ein gekröntes oder fast gekröntes Haupt mitsamt Unterbau zur Bestattung gelangt: Es klopft wer an, drinnen sagt ein Mönch irgendetwas wie: „Wer will rein?", dann sagt der Bestatter: „Kaiser XY, Fürst von sowieso und überhaupt." Dann tut der Mönch so, als ob er nicht wisse, wer das sein soll, und dann sagt der Bestattungsunternehmer: „Ach so, ich meinte (jetzt sagt er nur den Vornamen ohne die Adelstitel), ein armer Sünder." Dann lassen sie ihn rein, er oder sie wird in einer Gruft endgelagert, die meist größer ist als meine Wohnung, und man erkennt, dass vor dem Tod doch alle gleich sind. Das macht den Kaiser und seine Verwandten so sympathisch beim Volk, weil es merkt: „Hoppla, der war privat ganz genau wie du und ich!"

Ich war noch nie dort, ich habe es auch nicht vor, weil Sarkophage nicht mein spezielles Interesse wecken. Was ich aber gerne mache: Ich schicke Freunde aus dem Ausland hin, wenn sie im Hochsommer Urlaub in Wien machen. Gerade für Amerikaner ist die Ausstattung Wiens mit Klimaanlagen ungenügend. Wenn es jetzt aber am Graben und in der Kärntner Straße herunterbrennt, dass die Hälfte reicht, dann ist es in der Kapuzinergruft immer noch angenehm kühl – weil es eben eine Gruft ist. In Grüften ist es dem Vernehmen nach so gut wie immer kühl. Darum ist es besser, in die Kapuzinergruft zu gehen als Sightseeing oder Shopping zu betreiben. Man hat es angenehm kühl, hat das Gefühl, etwas für die Allgemeinbildung getan zu haben, und Postkarten kann man auch kaufen. Und: Weil Särge aus Zinn und Bronze in der Luftfeuchtigkeit gerne korrodieren, hat man 2003 extra eine Klimaanlage einbauen lassen. Wenn es also wirklich so richtig sauheiß in der Innenstadt ist, ist the place to be die Kapuzinergruft – the coolest place in town. Wörtlich zu verstehen. Und Adlige kommen bei Amerikanern sowieso immer gut an. (Ich selber brauche nicht hingehen, weil ich sowieso in Wien wohne. Im Sommer habe ich einen Ventilator daheim oder gehe ins Bundesbad.)

Aja: Ziemlich genau vor der Kapuzinergruft ist der Donnerbrunnen. Der ist auch sehr cool, weil sich dort in den 80er-Jahren beim jährlichen Wiener Stadtfest die Mods getroffen haben, bevor sie zur Nordsee auf der Kärntner Straße gezogen sind, bevor sie sich mit den Rassels geprügelt haben. Unterm Jahr haben sich die Mods auch beim Donnerbrunnen getroffen. Ganz ohne Prügelei auf der Kärntner Straße. Rückblickend muss ich sagen: Ich weiß nicht, warum. Möglicherweise haben sie sich von der Kapuzinergruft angezogen gefühlt. Mods sind ja sehr anglophil und finden deswegen die britische Monarchie und die Königsfamilie ganz wunderbar. In Wien ist die Kapuzinergruft das Näheste, was man zur Queen und ihrer Familie finden kann. Darum haben sich wahrscheinlich die Mods gerne dort getroffen. Angeblich ist bei Raufereien immer wieder einer in den Brunnen geflogen. Ich war nicht dabei, es kann aber nicht so schlimm gewesen sein, weil das Wasser nicht tief ist. Ein schöner Brunnen ist der Donnerbrunnen aber wirklich. Und er hat nichts mit Blitz und Donner zu tun, sondern ist nach seinem Erbauer benannt, der anscheinend Donner geheißen hat. So genau weiß ich das aber nicht.

SEHR GEHEIM.
ALSO BITTE LEISE LESEN!

Das Bundesbad
XXII., Arbeiterstrandbadstraße 93

Zugegeben: Es ist nicht mehr ganz so spitze wie vor
ein paar Jahren. Aber immer noch das beste Freibad
in Wien, das ich kenne. Zum Beispiel liegt es fast
direkt an der U1, was sehr praktisch ist, wenn man
sich in der Wiener Innenstadt aufhält und plötzlich
Lust bekommt, sich auszuziehen. Viele Stammgäste,
die seit Jahrzehnten ihre Leiber der Sonne und den
Blicken der Mitbadenden aussetzen. Sehr grantige
Damen am Buffet. (Muss man verstehen. Alle anderen sitzen in der Badehose im Freien, haben es fein
– sie müssen bei der Hitze angezogen drinnen stehen, Pommes frites reichen und Sommerspritzer
abfüllen – auf insistierenden Wunsch auch mit Eis-
würfeln.) Manchmal, wenn sie einen kennen, werden sie eigentlich richtig freundlich – man muss also
öfters hingehen. Ist wie beim Kiffen. Beim ersten
mal spüren manche nichts, weil die Rezeptoren erst
ausgebildet werden müssen. Oder – und das ist auch
nicht unwahrscheinlich – man verändert sein eigenes Verhalten, hat eine andere Erwartungshaltung
und wird auch ein bisschen devoter und kann deshalb unbefangener mit den Gegebenheiten des Buf-
fets umgehen.

Die wirklichen Spezialisten gehen aber sowieso

zum Berger gegenüber vom Bundesbad. Warum der Berger heißt, hat vermutlich damit zu tun, dass der Betreiber vor zig Jahren Berger geheißen hat. Jetzt wird der Würstelstand von einem Chinesen geführt, aber es hat sich nicht wirklich etwas geändert. Und es heißt immer noch Berger. Es gibt überdachte Heurigentische, einen Flatscreen – falls Fußball-EM ist – und ausreichend Pommes, Mannerschnitten und Würstel. Da sitzen dann meistens die Herren mit ihrem Bier oder Sommerspritzer, während die Frauen und/oder Kinder im Bad sind. Aber alle Beteiligten haben das Gefühl, dass eh alle gemeinsam im Bundesbad sind. Und das stimmt auch irgendwie. Der Berger ist ja wirklich nur genau gegenüber auf der anderen Straßenseite, und zur Not kann man – wenn plötzlich das Handy läutet – schnell über die Straße zurück ins Bundesbad laufen und behaupten, man sei eh nie weg gewesen, sondern habe sich zum Beispiel vergeblich angestellt, um ein Eis für die Kinder zu kaufen. Dann passt wieder alles, und man geht zurück zum Berger Fußball schauen und Bier trinken.

Die Liegewiese drinnen: tadellos, von großer Fläche. Das Wasser: temperaturtechnisch der Witterung angepasst, schöner natürlicher Kies, völlig in Ordnung. Toilettenanlagen sonderzahl und sauber. (Wichtig im Sommer! Man trinkt viel Flüssigkeit oder hat von der Grillerei eine angeschlagene Verdauung.)

Jetzt zurück zum Einwand vom Anfang: Das Bundesbad ist spitze, aber so ein richtiger Geheimtipp ist es leider nicht mehr. Weil Wien ein Dorf ist und doch jeder gerne weitererzählt, was er tolles Unentdecktes entdeckt hat, haben sich in den letzten Jahren neben den Langzeitstammgästen eine Menge Künstler, Journalisten, Werbeleute und anderes Geschmeiß unters Publikum gemischt. Das stört noch nicht wirklich, aber aufpassen sollte man schon.

KÜNSTLER UND ANDERE VOLLKOFFER

Café Prückel
I., Stubenring 24

Im Prückl gibt es Zeitungshalter. Das ist nicht selbstverständlich. Heutzutage gibt es genügend Lokale, wo man die Zeitung selber halten muss. Und man verwurschtelt sie in jedem Fall. Sobald man im Kaffeehaussessel sitzend versucht, eine Zeitung zu lesen, die größer als A5 (für die Jungen: iPad) ist, scheitert man unweigerlich. Man kann die Zeitung falten, streichen – aber sobald man eine Seite umschlägt, gibt es Chaos. Trotzdem sitzen viele Menschen im Prückel und starren in ihre iPads. Oder Laptops oder was sie halt sonst so mithaben. Obwohl es Zeitungshalter gäbe, das verstehe ich nicht. Obwohl … schon – ich tue es mittlerweile selbst. Ist einfach praktischer.

Gut am Prückel: Genau gegenüber ist die Hochschule für angewandte Kunst.

Schlecht am Prückel: Genau gegenüber ist die Hochschule für angewandte Kunst.

Je nach Tageslaune kann man es toll, inspirierend oder meinetwegen spannend finden, dass an jedem Nebentisch Künstler in Ausbildung sitzen und entweder darüber lamentieren, dass ausgerechnet sie nicht stinkreich und von der breiten Öffentlichkeit geachtet sind oder: sich darin baden, dass der Rest der Welt zu blöd ist, ihr Genie zu erkennen, und dabei irrsinnig froh sind, dass sie nicht zum Scheiß-Mainstream gehören. Das gilt dann auch meist als Beweis dafür, dass sie wirkliche Genies sind. Denn: Wenn das alle erkennen würden, was für erlesene Geister sie sind, wären sie es ja nicht. Dann wären sie kommerzielle Huren. Würde das Volk aber endlich akzeptieren, dass hier Geistesgrößen am Werk sind, dann wäre das Volk der Dummheit zu zeihen. Weil: Die Leute sind ja solche Trotteln! Die glauben wirklich alles! Liegt an mangelnder Bildung. Natürlich. Es fühlt sich gut an, zu den 10 Prozent guten Menschen zu gehören, die es in diesem Land gibt. Es könnten 15 Prozent sein. Aber 4 Prozent haben anscheinend immer noch zu geringe Bildung (hmmm?). Dass die alle gebildet und schlicht anderer Meinung sein könnten, geht nicht. Weil das glauben die ja nur, weil sie zu wenig Bildung haben. Und sonst? 30 Prozent Nazis. Damit muss man leben. War schon im französischen Absolutismus so: Adel, Kirche und Bauern (= unmündige Volltrottel, die man zu ihrem Glück zwingen muss). Wenn man so überlegen ist, wäre es unverantwortlich, die eigene Schlauheit dem Volk vorzuenthalten.

Oder man findet das scheiße. Dann kann man aber immer noch im Prückel sitzen und die Umgebung genießen. Interessant sind die Leute ja allemal. Vielleicht sind tatsächlich ein paar Genies darunter. Vielleicht haben Torberg, Werfel & Co. zu ihrer Zeit auch als Klugscheißer gegolten, und ich bin einfach zu blöd, ihre legitimen Nachfolger zu erkennen. Eigentlich ziemlich wahrscheinlich sogar ...

DER VENICE BEACH
VON WIEN

Donaukanal

Im Donaukanal sind angeblich Zander, Hechte, Forellen, ich weiß nicht was … Deswegen hocken wackere Menschen am Donaukanal und fischen. Die meisten Wiener wissen nicht, warum. Für Nichteingeweihte sitzen dort seltsame Gestalten, die ihre Angelruten ins Wasser tauchen. Stundenlang. Der Donaukanal gilt als „schwer zu befischen", aber als durchaus artenreich. Und die Fische, die man fängt, schmecken gar nicht mal so schlecht, obwohl das Wasser jetzt nicht wirklich kristallklar wirkt. Die meisten Fische aber werden zwischen den Schiffschrauben des Twin City Liners gewissenhaft zerrieben. Auf eben diesem Schiff sitzen meistens vollbesoffene Männer, die am Weg zu einem Polterabend in Bratislava sind, weil man in Österreich schon alleine aus Gewohnheit glauben will, dass im Osten alles billiger ist. Das hat einmal gestimmt. Vor über 25 Jahren. Da konnte man in Ungarn Zigaretten für nichts kaufen, Krimsekt zum Gurgeln und Ausspucken, und sich die Zigaretten mit Forint Scheinen anzünden. Ladys inklusive. Alles gesehen und erlebt, und nein: Das war nicht schön. Wenn die Menschen im ehemaligen Osten ähnlich nostalgisch geprägt sind wie die Österreicher, braucht man sich nicht wundern, dass sie uns verachten. Der Punkt ist: Bratislava ist in der Slowakei, nicht in Ungarn. Der Eiserne Vorhang ist schon so lange weg, dass er nicht mal mehr rosten könnte. Aber trotzdem fahren diese Deppen mit dem Twin City Liner nach Bratislava, um dort fachgerecht zu poltern. Die haben dort eine Innenstadt, die genauso cool wie das Wiener Bermudadreieck ist, genauso teuer, und Frauen, die im Audi vorfahren, kann man in aller Regel nicht mit Strumpfhosen und Kugelschreibern beeindrucken, aber trotzdem: Es funktioniert noch immer. Sie fahren alle mit dem Schiff nach Osten. Bitte sehr, nicht mein Problem.

Egal: Der Donaukanal rockt! Man hat einigermaßen Ruhe von szenebeflügelten Deppen (außer in der Strandbar Hermann), weitestgehend guten Ausblick (außer gegenüber vom Motto am Fluss)und vor allem im Sommer das Gefühl, woanders als in Wien zu sein. Gemütlich, easy, Bier aus der Flasche, Füße in den Sand … am Klo ein paar Wahnsinnige, die am Laptop Fußball schauen und denen es vordergründig völlig egal ist, ob man Geld in den Korb wirft oder nicht. (An dieser Stelle: Ja. Doch. Bitte machen.) Mit Kind muss man aufpassen. Es gibt nämlich keine Absperrung zum Wasser. Da ist der betonierte Weg, eine Kante, ein paar Meter in die Tiefe und dann der Donaukanal. Da will man nicht reinfallen. Weniger wegen der Wasserqualität (wie gesagt – den Fischen gefällt's da drinnen), aber die Strömung ist schon eher so, dass sie mitreißend ist.

Ich sitze am liebsten bei der Marienbrücke. Da gibt es „freewave"-WLAN (das brauche ich zwar nicht, weil mein iPad sowieso eine Sim-Karte hat, aber es ist schön zu wissen, dass man gratis Internet surfen könnte, wenn man wollte). Die Getränke muss man sich selber holen, aber das macht nichts, weil das Schankpersonal wunderbar freundlich ist und man mit denen eh gerne plaudert. Das Einzige: Gerade im Hochsommer, wenn man sinnvollerweise am Donaukanal sitzt und die Füße in den Sand streckt, zieht man ja gerne die Schuhe oder die Schlapfen aus. Die muss man jedes Mal wieder anziehen, wenn man sich ein Bier holen geht. Das ist ein bisschen anstrengend, aber im Rahmen des Vertretbaren. Zum Essen gibt es nebenan. Ich glaube, im Wesentlichen Crêpes in allen Varianten. Ist jetzt nichts für den großen Hunger. Aber wenn es heiß ist, sollte man sowieso mehr trinken und nicht so viel essen. Außerdem geht es sich gleich neben der Brücke so aus, dass die Sonne noch hinscheint, wenn sie in jedem anderen Gastgarten der Stadt schon dem Schatten gewichen ist.

Man wird halt irgendwann deppert, weil von jedem Standl eine andere Musik kommt, und sie versuchen dann, lauter als die anderen zu sein. Das führt zu interessanten Mashups und Grenzerfahrungen zwischen Reggae, House und Schaß von Ö3. Parallel. Alles für sich alleine: vollkommen ok. Aber hier hört man alles, ob man will oder nicht.

Aber dieses Gefühl, abseits der Stadt zu sein, ein wenig daneben zu stehen (in dem Fall: zu liegen): herrlich.

Was man von den Lokalbetreibern so hört, will die Stadt Wien den Donaukanal ausbauen und Gastronomie stattfinden lassen, wo sie keiner vermisst hat. Ich will aber keine durchgestylten Lokale mit Humus auf der Speisekarte. Ich will den Donaukanal mit Bier und Wurstsemmel. Oder eben nichts. Das gehört so. Lasst den Donaukanal in Ruhe!

Zu viel preisen mag ich den Donaukanal aber nicht, weil sonst habe ich ihn nicht mehr für mich und meine Freunde. Also gehen Sie woanders hin!

NUR WEIL ES JEDER MAG, MUSS ES NICHT SCHLECHT SEIN

Schweizerhaus
II., Prater 116

Gut, das Schweizerhaus ist ein Klischee, das in jedem x-beliebigen Wien-Führer vorkommt. Das macht aber nichts. Bloß weil alle anderen Menschen bei Grün über die Ampel gehen, muss es nicht falsch sein. So ähnlich sehe ich das mit dem Schweizerhaus. Es ist tatsächlich gemütlich, soweit das in der Größe des Betriebs möglich ist. Dadurch dass es aber so eine riesige Bierabfüllanlage ist, ergibt es sich, dass hier sowohl Eingeborene als auch Touristen sitzen. Das geht sich aus, und man ergänzt sich recht gut beim Vollrausch auf Ansage. Die Tische haben Schilder mit den Namen der Wiener Bezirke. Man kann also jederzeit mit dem Handy ein Foto machen und jemandem schicken: „Du, ich bin gerade in Simmering" – obwohl man gar nicht im richtigen Simmering ist. Originell, nicht? Salzig und fettig essen ist möglich (Stelze, Hendl). Angeblich gibt es auch Salate. Habe ich aber noch nie ausprobiert. Die Vorstellung, im Schweizerhaus ein anderes Getränk als Bier zu bestellen, ist so absurd, wie ins Bordell auf eine Torte zu gehen. „Grüß Gott, ich hätte gerne einen Tee." – „Haha, der war gut, wie viele Krügeln dürfen's sein?" Apropos:

Nicht nur wegen dem eigenen Vergessen, auch fürs Protokoll: unbedingt Stricherln am Bierdeckel machen. Die Kellner hier sind Profis. Und als solche haben sie ein Sensorium dafür, wer zu besoffen ist, um ganz genau zu wissen, wie viel Bier er gehabt hat. Und zu wenig verrechnen sie dann eher selten. Wie alles Schriftliche macht ein Bierdeckel als Beweisstück dann was her. Natürlich, auf einen Bierdeckel kann man jeden Schmarren schmieren. Aber er wirkt so, wie wenn ein Kriminalpolizist seine Dienstmarke herzeigt. Das wird nicht hinterfragt, hier kommt die österreichische Obrigkeitshörigkeit zum Tragen. Vor bekritzelten Bierdeckeln haben die Kellner Respekt. Vor lallenden Gästen nicht. Ist so.

Bier schmeckt hier tadellos. Es gilt zum wiederholten Mal: Bloß weil das alle sagen, muss es nicht falsch sein. Die Bäume sind wirklich schattig, der Kies knirscht angenehm beim Drübergehen – das passt schon so. Und nebenbei hört man hysterisch kreischende Besucher aus dem Prater, die sich gerade von einem Hochschaubahn-Monster oder etwas Ähnlichem durch die Luft schleudern lassen. Hat was: Stelze mit Bier und nebenan Schreie der Todesangst. Ist ein bisschen die zivilisierte Version von Graf Dracula, der ja angeblich vor Wäldern gepfählter Opfer zu dinieren pflegte.

Wirklich oft gehe ich nicht ins Schweizerhaus. Es ist mehr wie eine Station, die man einmal im Jahr zu absolvieren hat. Im Herbst räumt man den Schrebergarten auf, dreht das Wasser ab, damit die Leitungen im Winter nicht frieren – im Frühjahr geht man ins Schweizerhaus, sobald es wieder eröffnet hat. Und anschließend tut man auch etwas, das man vermutlich sonst nie tun würde: Man geht durch den Prater zurück zur U-Bahn, und am Weg spielt man mit den sinnlosesten Automaten, kauft sich Luftballons, verklebt seinen Verdauungstrakt mit Langos und Zuckerwatte, fährt eventuell einmal Autodrom und hat dann das angenehme Gefühl, einen wichtigen Punkt im Jahreskreis absolviert zu haben.

PARALLELUNIVERSUM
IM ZENTRUM

Zum schwarzen Kameel
I., Bognergasse 5

Wenn man einen ausgeprägten Sinn für Ironie hat, dann wird man im Kameel seinen Spaß haben. Ein Kellner (oder ist es der Chef? ich weiß es nicht), der sich augenscheinlich für Kaiser Franz Joseph hält und infolgedessen auch so kleidet, ist schon mal nicht schlecht. Ein gut sortiertes Angebot von Schnöseln, die sich für etwas Besseres halten, macht auch Gusto auf mehr. Die Hofratswitwen, die es nicht aushalten, unter „normalem Volk" zu weilen und sich deshalb im Hinterzimmer verbarrikadieren, sind aber allemal eine Reise wert. Ich habe mich schon dabei erwischt, aufs Klo zu gehen, obwohl ich gar nicht gemusst hätte – einfach um einen Blick auf das Publikum zu erheischen, das auf dem Weg zur Toilette gratis zu besichtigen ist. Ob man sie streicheln und füttern darf, vermag ich nicht zu sagen. Aber gegen ein paar Erinnerungsfotos werden sie bestimmt nichts einzuwenden haben. Besonders gerne habe ich die „Ich richte mich so her, dass ich reich aussehe, und schaue dann, dass ich einen reichen Mann kennenlerne"-Damen. Das Problem ist: Es gibt auch die „Ich ziehe mich so an, als ob ich eine Yacht hätte, damit ich eine reiche Alte kennenlerne"-Männer. Wenn diese beiden Spezies aufeinanderprallen, ist

Enttäuschung angesagt. Mich haben mal zwei nicht mehr ganz taufrische Damen an der Bar interessant genug gefunden, um mir den einen oder anderen Blick zu schenken. Im Nachhinein bin ich auch draufgekommen warum: Ich hatte zufällig ein Designerpolo und die dazugehörigen Yachtschuhe an, und die Gespräche mit meinem Freund drehten sich um Fernreisen in die USA, Spanien und Kunst. Da schrillten nebenan die Alarmglocken. Gut, schön bin ich nicht – aber wenn ich so wirke, als ob ich reich wäre, reicht das offenbar. Ich habe das Lokal dann trotzdem alleine verlassen. Muss ja nicht sein.

Dann gibt es noch die Sorte Sohn (können auch Töchter sein), deren Vater erfolgreich und wohlhabend war. Jetzt ist Sohn/Tochter aber nicht annähernd so spitze in der Karriere, aber das Geld von Papa kann man immer noch raushauen. Und dafür ist das Kameel auch das richtige Ambiente. Möglicherweise gibt es auch eine Menge Durchschnittsmenschen wie mich dort, die einfach nur gerne beobachten, sich mir gegenüber aber nicht zu erkennen geben. Würde ich auch verstehen. Sollte sich herausstellen, dass eigentlich eh alle nur dort sind, um andere zu beobachten, wäre ich um eine schöne Illusion ärmer.

Bier kann man trinken, allerdings nur Seidl. Das prangere ich an. Die gottgewollte Maßeinheit für Bier sind 0,5 Liter. Ich muss also mindestens 3 Seidl trinken, damit ich das Gefühl habe, 2 Krügel getrunken zu haben. Aber was soll's, kein Lokal ist perfekt. Und für das wunderbare Ambiente samt großartigen Darstellern nehme ich das in Kauf.

Hinter der Bar steht die längste Reihe Aperol-Flaschen, die ich je in meinem Leben gesehen habe. Glitzern recht hübsch in Orange, aber so richtig hip ist Aperol nicht mehr, würde ich sagen. Außerdem bietet man belegte Brötchen feil, die gut schmecken sollen. Kann ich mir nicht vorstellen. Weil wenn die stundenlang in der Vitrine stehen, werden die sicher nicht besser. Ich will aber keine Unwahrheiten verbreiten, daher: Probiert habe ich die Brötchen noch nie (ich esse generell nicht sehr gerne), aber ihr Ruf ist tadellos. Wenn man etwas isst, das einen guten Ruf hat, schmeckt es meistens gleich viel besser, weil man positiver gestimmt ist. Hätte der Tafelspitz vom Plachutta den Ruf, wie Schuhsohlen zu schmecken, würden ihn nicht so viele Leute bestellen, und wenn, würden sie vermutlich nachher behaupten, er hätte wie Schuhsohlen geschmeckt. Weil sie vom Ruf her so darauf konditioniert sind. Umgekehrt kann der Tafelspitz vom Plachutta aber durchaus wie Schuhsohlen schmecken. Es wird nur niemandem auffallen, weil der Ruf eben nicht dementsprechend ist.

Naja, und so ist das halt mit den belegten Broten und dem Kameel. Alles klar?

SO NORMAL,
DASS ES AUFFÄLLT
Wiener Melange
II., Rotensterngasse 37 Stiege 1

Wirklich schön ist das Café Wiener Melange auf der Praterstraße nicht. In die Jahre gekommene Resopaltische, Vorhänge, in denen Generationen von Zigarettenrauch wohnen, und Free-WLAN-Schilder. Die hat jemand daheim am PC gemacht und sich sehr gefreut, dass man als Hintergrund einen bunten Regenbogen einfügen kann. Aber: Weil es hier einen Schanigarten gibt und die Praterstraße recht breit ist, scheint die Sonne sehr lange her, und man kann sich schön sonnen. Wenn einen der Straßenlärm nicht stört. Links daneben ist ein Motorradgeschäft, gegenüber eine U-Bahnstation und rechts eine Kirche. Man hat also alle Möglichkeiten – wenn man wollte. Motorräder und Kirche habe ich noch nie spontan gebraucht, aber es ist ein gutes Gefühl, hier zu sitzen und sich zu denken: „Wenn ich wollte, könnte ich jetzt eine 1000er-Maschine kaufen und sie nebenan segnen lassen. Aber ich will eh nicht." Was ich schon gemacht habe: Ich war auf einen Impulskauf gegenüber beim dm und habe Einwegrasierer erstanden. Die hätte ich auch nicht unbedingt gebraucht – schon gar nicht im Kaffeehaus –, aber ich dachte mir: „Was man hat, das hat man." Und genauso war es dann auch. Ich habe jetzt einen ausreichenden Vorrat von Einwegrasierern daheim. Allerdings die falsche Marke, aber so ist das oft bei Impulskäufen. Egal, zurück zum Café Wiener Melange: Die Kellnerin vergisst immer den Zucker zur Melange, aber das macht nichts, weil ich meinen Kaffee ohnehin lieber ohne Zucker mag. Man kommt sich halt ein bisserl wie ein Außenseiter vor, wenn man hier weder Bier noch weißen Spritzer bestellt. In der Nacht stehen oft sogenannte Hackler drinnen an der Bar, und da erlebt man auch gute Szenen. Wenn zum Beispiel der serbische Hackler dem polnischen Hackler erklärt, dass er sich eh brav integriert hat, seine Frau sehr fleißig und die Kinder gute Schüler sind, worauf die Kellnerin (von der weiß ich nicht, woher sie ist) gütig zustimmend nickt. Als ich mit einem Freund hier auf ein Fluchtachterl war (das sich dann doch zu ein paar vollwertigen Krügerln ausgewachsen hat), habe ich diese Integrationsshow miterlebt. Ich hatte den Eindruck, dass das nur geboten wurde, weil mein Freund und ich aber so was von offensichtlich keinen Migrationshintergrund im klassischen Sinn haben. Wie wenn der Pfarrer beim Wirten vorbeischaut und die Gäste haben plötzlich das Bedürfnis, sich gegenseitig zu erzählen, wie gut sie den neuen Papst finden, dass sie großen Wert auf traditionelle Feste wie Weihnachten legen und dass das Kruzifixverbot in Schulen eine Gemeinheit ist. Jedenfalls war ich hier erste Reihe fußfrei und habe es sehr genossen. „Austrias next Topjugo",„Integra-mania", was weiß ich … der ORF könnte sich hier jedenfalls genug Anregungen holen.

Untertags sitzen hier überraschend viele Touristen. Wahrscheinlich weil ein paar Hotels in der Nähe sind und man zu Fuß flott in der Innenstadt ist. Die würden sich vermutlich auch auf einen Hydranten setzen, wenn darauf „Wiener Melange" geschrieben stünde. Das Gute ist: Bis auf den Namen ist das Café Wiener Melange tatsächlich sehr authentisch und untouristisch. In seiner ganzen Grindigkeit und völligen Uncoolness (noch nie habe ich hier Journalisten, Künstler, Werber oder ähnliche Poser mit ihren iPhones gesehen) ist es sehr angenehm normal. Vielleicht ist den Besitzern egal, wie die Einrichtung aussieht und ob das Lokal gut rennt, weil die Pacht aufgrund eines alten Vertrages so gering ist. Außerdem kann man mit einem Beisl/Café zwischen U-Bahn und Hotel eigentlich nichts falsch machen. Also warum neue Toiletten, schöne Tische und eine zeitgemäße Speisekarte, wenn es eh auch so geht? Hat was, mag ich.

FUSSBALL IN ÖSTERREICH?
BITTE HIER!
SC Wiener Viktoria

XII., Oswaldgasse 34

„Viktoria ist Kult, wie St. Pauli", sagt der Präsident vom „besten Meidlinger Fußballverein".

Ob das stimmt, kann ich nicht beurteilen, weil ich noch nie bei einem St.-Pauli-Match war und von Fußball generell keine Ahnung habe. Aber ich halte es für sehr wahrscheinlich, von dem, was man so über St. Pauli hört. Also Fußball für Menschen, die Fußball nicht mögen. Oder denen er zumindest egal ist. Ich war am Fußballplatz von Viktoria und habe mir ein Match angeschaut, ohne es für nötig zu erachten zu fragen, wie denn die Gegenmannschaft heißt. Weil es mir egal war. Ich bin am Spielfeldrand gestanden, habe mit dem Präsidenten gemeinsam die Spieler angefeuert und mich gefreut, dass ich eine Schnitzelsemmel und ein Bier habe. Beides habe ich mir in der Kantine gekauft, die sehr klein, aber gemütlich ist. Der Fußballplatz ist ein Platz, kein Stadion. Das ist wichtig für das Verständnis des Wohlfühlerlebnisses. Man ist auf Augenhöhe mit Spielern und Trainern. Im Wortsinn. Es waren lauter freundliche und lustige Menschen dort. Auch viele Familienangehörige von Spielern wahrscheinlich. Und so gemütlich habe ich es schon lange nicht mehr gehabt wie dort.

Wiener Viktoria ist eigentlich weniger Fußballverein als ein super-leiwandes Beisl, wo das Match nicht im Fernseher rennt, sondern live vor der Nase. Die Leute haben einen pipifeinen Schmäh, denen taugt das Match wirklich, man merkt, dass ihnen das wichtig ist, und sagen wir: Wenn mir schlecht würde oder ich kollabieren würde, bin ich mir ziemlich sicher, dass mir dort jemand helfen würde. In anderen Hipsterhütten, die ich in Wien kenne, wäre ich mir da nicht so sicher.

Vermutlich ist es das, was Menschen an St. Pauli so cool finden: eine Art von Gemeinschaft, wo man sich gut fühlt. Bei St. Pauli habe ich nur den Eindruck, dass das zum Mainstreamtrend geworden ist. Sogar mein Sohn hat Socken, auf denen „St. Pauli" steht. Kann damit zu tun haben, dass er Pauli heißt. Die Vienna ist von Bobos unterwandert, der Sportclub ist ok, aber auch zu groß. Bei der Viktoria ist das anders. Das ist, wie wenn man die Beatles im Cavernclub sieht, bevor sie jeder kennt.

Nicht falsch verstehen, ich bin jetzt keiner, der alles schlecht findet, wenn es alle kennen, oder nur einen auf Insider macht. Aber ich mag halt ABBA UND Rammstein. Und eine Menge andere Sachen. Ich habe Rotwein am Dach vom Centre Pompidou getrunken, und ich war bei der Wiener Viktoria. Hat mir beides gefallen. Lässt sich schwer vergleichen, aber die Wiener Viktoria war günstiger.

Klar, wenn ich gut essen will, gehe ich woanders hin. Andererseits: Eine Schnitzelsemmel schmeckt nirgends so gut wie hier, weil die Begleitumstände passen. Das Wetter kann man nicht beeinflussen, aber man kann beeinflussen, wo man seine Zeit verbringt. Und da würde ich dringend ein Heimspiel der Wiener Viktoria empfehlen. Wenn es Ihnen nicht gefällt, fragen Sie doch den Verlag, ob er Ihnen das Geld für das Buch zurückgibt.

VIEL PLATZ UND MÖGLICHKEITEN

Löwygrube

X., Favoriten

Die Löwygrube hat zwei entscheidende Vorteile: Der Böhmische Prater ist gleich nebenan (und da gibt es gute Wirten), und man kann mit ferngesteuerten Flugzeugen fliegen. Dadurch dass die Anlage erhöht liegt, kann man zum einen wunderbar über Wien blicken, und zum anderen kommt der Wind so auf den Hang, dass quasi Aufwinde entstehen. Das heißt, man kann seinen Segelflieger den Hang runterschmeißen und der steigt auf, statt runterzufliegen. Das ist sehr praktisch und eher ungewöhnlich für eine Großstadt. Weiter hinten gibt es eine große Wiese, auf der kann man auch wunderbar fliegen, weil eine große Wiese eben auch viel Platz bietet. Das Schlechte ist: Hier ist eine Hundeauslaufzone. Jetzt ist es aber so, dass Hunde gerne Stöcke und andere Gegenstände holen, wenn man sie weit weg wirft. Wenn man also sein Modellflugzeug startet, damit mehr oder weniger gelenk ein paar Runden dreht und dann einen kontrollierten Absturz hinlegt, ist die Wahrscheinlichkeit groß, dass ein an Größe und Bösartigkeit kaum zu überbietender Köter auf das Flugzeug lossprintet und es hernach entführt oder gleich totbeißt. Das ist wirklich ärgerlich: Da freut man sich, dass man das

Spielzeug von der Modellbaumesse einigermaßen korrekt zusammengebaut und erstmalig – seiner Bestimmung entsprechend – durch die Luft manövriert hat (nachdem man üblicherweise drei, vier andere Modelle geschrottet hat), und dann wird der Flieger nicht durch eigenes Unvermögen, sondern durch einen Hund zerstört, auf den man dann nicht einmal böse sein darf, weil es eben eine Hundeauslaufzone ist. Das zeigt wieder im kleinen Rahmen die Wiener Mentalität: Hunde sind super und dürfen alles, bekommen eigene Auslaufzonen. Kinder dürfen nichts, bekommen aber immerhin Spielplätze. Erwachsene Männer, die sich wie Kinder benehmen und mit ihren Flugzeugen spielen wollen, dürfen nichts und bekommen nicht einmal Auslaufzonen. Oder Landebahnen oder so etwas in der Art.

Aber man darf das nicht zu streng sehen. Wenn man irgendwann ordentlich mit dem Sportgerät umgehen kann und das Flugzeug unter Kontrolle hat, kann man in der Löwygrube spitzenmäßig fliegen und so landen, dass die Hunde keine Chance haben. Ein Flughafen mit Hunden ist besser als kein Flughafen.

Und dann ist da noch der Böhmische Prater. Wenn man von der Löwygrube kommt, ist hinten rechts der Wirt „Zum Werkelmann". Der verhält sich praktisch zum Schweizerhaus wie SC Wiener Viktoria zu St. Pauli. Also nicht so groß, nicht so gehypt, aber um nichts schlechter. Außerdem hat der nicht nur einen gut dimensionierten Spielplatz, der von den Sitzplätzen gut einsehbar ist, sondern auch eine Art kleinen Streichelzoo. Mit Hamstern, Meerschweinchen, Hasen und so Zeugs. Das Gute: Die Kinder sind beschäftigt, während die Erwachsenen Bier trinken und ein Grillhenderl oder auch eine Surstelze essen. Das Schlechte: Sie wollen dann oft selber ein Haustier und weinen recht engagiert, wenn man sie mit der Tatsache konfrontiert, dass das nicht in Frage kommt, weil sich mit Sicherheit und garantiert nach zwei Wochen keine Sau mehr um das Viech kümmern wird. Mein Neffe war so ein Fall. Er war sehr unzufrieden, weil er nach dem Besuch des Werkelmannes kein eigenes Meerschweinchen haben durfte. Ein paar Jahre später hat er aber trotzdem eine Ratte bekommen. Ein gewisses Risiko für Erwachsene besteht also.

VERSAGEN ZUM ANGREIFEN

Gasometer

XI., Guglgasse

Großer Gott. Was haben sich die Planer dabei gedacht? Waren hier überhaupt Planer zugange? Hat irgendjemand an irgendetwas gedacht? Oder ist das einfach passiert? So wirkt die Gasometer City jedenfalls. In eine Gegend, in die sowieso schon niemand freiwillig zieht (außer wegen der vergleichsweise niedrigeren Mietkosten), ein Monster hinstellen, dessen größtes Alleinstellungsmerkmal vergleichsweise hohe Mieten sind, ist schon ein Geniestreich von epochalem Ausmaß.

Nicht falsch verstehen: Ich mag Simmering. Hauptsächlich, weil meine Großeltern hier gewohnt haben, und in weiterer Folge ich selbst auch (wegen der vergleichsweise niedrigen Miete).

Aber: Warum sollten Menschen, die sich Besseres leisten können, in ehemalige Gascontainer übersiedeln, die von einer Infrastruktur umgeben sind, die dem Mond Konkurrenz machen könnte. Nichts gegen den Mond. Und dort gibt es wenigstens ein paar ausrangierte Astronautenutensilien, falls man sich für so was interessiert. Und weniger Vollidioten wohnen dort auch wahrscheinlich.

Ich kann mich noch erinnern: „Die Stadt Wien wertet die Gegend auf, und dann wollen bald alle hinziehen." Genau, also stellen wir ein Einkaufszentrum hin. Das ist ja meistens die Lösung für alles. Alle Menschen werden in das neue Wohnparadies ziehen wollen, weil sie schon immer in unmittelbarer Nähe von einem H&M wohnen wollten. Viel mehr ist da nämlich nicht. Geschäfte wollen im Einkaufszentrum nicht aufsperren, weil keine Menschen dort wohnen, niemand ohne Not dort hinfährt, und die Menschen wollen dort nicht hin, weil es einfach eine sauhässliche Gegend ohne jeglichen Mehrwert ist. Habe ich mich klar ausgedrückt? Das kann nicht funktionieren! Liebloser Industriebeton, keine gewachsenen Strukturen, keine Beisln … eine Katastrophe.

Und dann noch das Gasometer als Veranstaltungshalle! Ich setze mal als bekannt voraus, dass bei Konzerten Akustik eine nicht zu unterschätzende Rolle spielt. (Nicht übertrieben stark, aber doch so wie Licht, Farbe, Bilder und Handlung bei einem Film.) Da hat aber anscheinend auch ein Architektengenie geglaubt, dass sich die Leute schon daran gewöhnen werden, sich das irgendwie auswächst und alles schon wird. In einem Betonzylinder kann kein guter Sound zustande kommen. Das geht nicht! Man kann einem Karpfen Fell aufkleben, ihn mit Whiskas füttern und immer wieder auffordern, Mäuse zu jagen – aber er wird keine Katze werden. Nein. Ganz sicher. Bestimmt, ich weiß das. Woher? Egal, ich weiß es. Ok?

Und aus dem Gasometer wird weder eine gemütli-

che Wohngegend noch eine tolle Konzerthalle werden. Punkt. Immerhin gibt es eine U3-Station. Da
kann man durchfahren, wenn man Richtung Enk-
platz will. Dort gibt es einen lässigen türkischen Super-
markt und eine Kirche, in der ich getauft worden bin.

Aja, wenn man wirklich aus der U-Bahn aussteigen will: Es gibt im Gasometer ein Musikgeschäft,
das früher im fünften Bezirk war, aber vor ein paar
Jahren hierhergezogen ist (vermutlich wegen der
vergleichsweise niedrigen Miete). Heißt „Klangfarbe" und ist ganz ok. Relativ große Auswahl, und
es macht Spaß, Instrumente anzusehen oder anzu-
greifen. Mir zumindest. Die Verkäufer teilen sich in
zwei Gruppen: Bei Gitarre, Bass, Schlagzeug arbeiten ausschließlich „echte" Musiker, die vor 20 Jahren in Austropop-Bands gespielt haben und jeden
verachten, der den Zusammenhang von E-Gitarren
und Kalamazoo/Michigan nicht auf Anhieb versteht. Bei Elektronik/Recording sind tendenziell
eher jüngere Verkäufer beschäftigt, die grantig sind,
dass ihre privaten Musikprojekte nicht im Radio
gespielt werden. Außerdem tun sie sich zu Recht
schwer damit zu argumentieren, warum ein Syn-
thesizer besser als der andere sein soll. Weil es
schlicht und ergreifend Geschmackssache ist. Außerdem kriegt man das ganze Glumpert sowieso günstiger im Internet. Aber – wie gesagt – wenn man bei
der U-Bahnstation Gasometer aussteigen möchte,
wäre die „Klangfarbe" ein Argument.

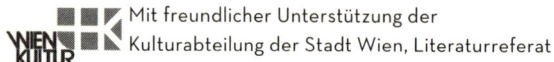 Mit freundlicher Unterstützung der
Kulturabteilung der Stadt Wien, Literaturreferat

© 2014 **METROVERLAG**
Verlagsbüro W. GmbH
www.metroverlag.at
Alle Rechte vorbehalten
Coverfoto: © Ingo Pertramer
Printed in the EU
ISBN 978-3-99300-163-6